コロナと病《やまい》神《がみ》の仕組み

白山大地

ヒカルランド

神の御用をされる人たちは、世界に散らばっている。同時に、カミ心がない人も、日本にはたくさんいます。天地がひっくり返ると云うことは、ミタマがひっくり返ると云うこと。ミタマがひっくり返るというのは、これこそが「神人合一《ごういつ》」のことだと思っています。スメラの人たちは、建て直しのお役の身魂たちです。一日も早く、お目覚めくださいますように。

これまで、前と悪、陰と陽、霊と体、男と女など、対立する二つの概念で物事を分ける、いわゆる「相対二元」の世界で、宇宙は成り立っていました。それが一つになるのです。霊と体が結ばれれば「半霊半物質」になります。

経綸には大きく二つの流れがあります。神様の直接の御用をする仕組みと、もう一つは「種人創り」です。種人とは、神業を担う人や新しい世の指導者となる人のことをいいます。この度の神経綸《けいりん》は、神々の政権交代と地球、人類、そして宇宙の次元アップです。経綸では、「建替え建直し」と呼ばれています。国常立尊《くにとこたちのみこと》も国常立大神、大国常立大神と次元を上げられました。

大国常立大神様の「岩戸開き」の仕組みは無事成就したのです。

ですから、「あがない」の大きな「災い」は、のろしを上げ、いつ天変地異が訪れても不思議ありません。もちろん、新型コロナウイルスの蔓延もその一つでしょう。新型コロナウイルスは、人工ウイルスとの指摘もありますが、たとえ、人が作ったものでも、自然発生のものでも役割に変わりはありません。大神様は、「悪をも使う」のです。

今は、世界を牛耳っているのは、闇の勢力だったり、世界的大企業の経営者や国王、国家元首だったりします。しかし、新しい世界では、神が直接世界を治める世になると考えられます。

世界を治めるてんし様は、カムスサナルノオオカミ様です。日月神示にも「スサナルの大神様この世の大神様ぞと申してあらうがな」【岩の巻第十五巻・第一帖】とあります。

（前略）神の目には外国もやまともないのざぞ。みなが神の国ぞ。七王も八王も作らせんぞ、一つの王で治めさすぞ。てんし様が世界みそなはすのざぞ。

一言でいえば、富士神界が動き出して、宇宙が出産し、五次元の世界に移行するから、身魂を掃除して、新時代に生まれ変われるように努力しなさい、ということだと私は考えています。

霊と体を分けた仕切りが岩戸です。その岩戸を開けるのが「岩戸開き」です。岩戸が開ければ、霊と体は合体し、新しい次元に移行するのです。

神様の御経綸（計画）は、宇宙規模のものですから、一霊能者、一教祖、一教団だけが担う小さなものではありません。もちろん、日本だけではありません。世界の各地で準備が整えられているのです。

「ＭＡ」とは、子宮空間そのものを指すわけです。その子宮内の宇宙が、ついに出産を迎える。それが「宇宙の出産」です。宇宙を三次元世界だとすれば、次元が2段階上がるのです。地球は、五次元世界に移行するそうです。もちろん、これは宇宙始まって以来のことであり、二度とない出来事です。

「悪」を払うのが、「掃除」です。正確には、払うのではなく、善に真釣り替えるのです。子宮の内側が「アマ」で、外側が「アメ」。ですから、「アマノヒツクノ神」と「アメノヒツクノ神」とは、次元が違うことにお気づきでしょう。子宮の外側は、宇宙を創造した神々様（元津神）の集う世界です。

人に願いがあるように神にも願いがある。神様の願いとは。それは、人に、神の御心を地に成就させるまことの神の子になって欲しい、つまり、「神人合一」してほしいとおっしゃっているのだと思います。神様の一厘を宿していても、本当の神人合一はしていない、だから神人合一を目指して頑張って欲しいということです。

目次

第二章　神御経綸とは

第三章　日月神示は何を伝えたかったのか？

第四章　悪を抱き参らせる伝家の宝剣「意乗り真仮名ヰ行」

第五章　今後の日本を経綸から読み解く

はじめに

日月神示は、七通りにも八通りにも読めるといわれています。これまでも多くの識者がそれぞれの解釈を披露されていることでも、それはおわかりかと思います。本書を手にされた方は、すでにそれらのいくつかをお読みになられたに違いありません。

ですから、私が、ここで改めて私の考えを述べたところで、どれだけ意味があるのか、それは私にはわかりません。

私は、日月神示に対してこういう見方、考え方もあるのだということを知っていただきたくて本書を著すことにいたしました。それが日月神示の価値をさらに高め、読者の方々に何か生きるヒントを差し上げることができたのなら、書かせていただいた意味もあるのかと思っております。

ただ、今ここで、一つだけ申し上げたいのは、日月神示は、大きな流れの中で生まれたものである、ということです。

この流れの理解なしには、日月神示の解釈は、表面上、言葉上の意味だけのものになりかねません。流れの中にあるということは、日月神示だけを読んでも、不十分であるということです。

具体的には、本文でご説明いたしますが、「流れ」とは、神の御経綸《ごけいりん》のこと。これを理解されたうえで、もう一度、日月神示を読んでいただければ、新たな発見があるものと、私は確信しております。

そして、もう一つ、日月神示は、これを下ろした岡本天明と彼の御神業のお仲間に宛てた神示であるということです。

つまり、私信のようなものです。仕組みを担う人たちと、神心のある縁ある人たちに向けた、神御経綸の計画書だからです。決して、一般の人のための神示ではありません。

ですから、神示で、「○○の神、祀ってくれよ」とあっても、それは、天明たちに言っているだけで、私たちが祀る必要はありません。もちろん、お祀りしたい人がするのは自由ですが、覚悟も必要です。

というのは、まず、粗末になってはいけないからです。途中で止めるというのも難しい。責任をもってお祀りする覚悟がいると思います。

ただ、天明に宛てたものであっても、情報の一部は、普遍的なものもあり、私たちにも役立つものも多々あります。ところどころで語られた未来の有り様、すなわち、ミロク世と呼ばれる新しい世界の話は、私たちにとっても有益な未来の情報です。

ですから、この書を著す意味もあるかと思いました。

なお、私が引用させていただいた「日月神示」は、1996年（平成8年）6月に日月神示刊行会より発行の「日月神示」です。同書に掲載されているのは、第一巻の上つ巻から第二十三巻の海の巻までです。日月神示は、それだけでも十分な内容があります。

ただし、この書は、もうほとんど手に入れることはできないかと思います。神示には、繰り返し神示《ふで》を読めと、記されています。そこで、お勧めする「日月神示」は、ヒカルランドから発行されたものです。

まだ、神示に触れられていない方は、ぜひ手に入れられ、幾度も声を出して読まれることをお勧めいたします。

日月神示の新たな一面と、今後の世界のゆくえをご理解いただければ幸いです。

なお、復刻版『元つ神の「光ひとつ上ぐる」仕組み』（ヒカルランド）と重複する箇所が多々あるかとは思います。けれども、それはとても大事な事柄なので、あえて、書かせていただきました。ご了承願います。

カバーデザイン　櫻井浩（⑥Design）
校正　麦秋アートセンター
本文仮名書体　文麗仮名（キャップス）

第一章

日月神示が生まれた謎

富士は晴れたり日本晴れ

日月神示の第一声は、

「富士は晴れたり、日本晴れ。神の国のまことの神の力をあらはす代《よ》となれる。」（第一巻上つ巻・第一帖／六月の十日、ひつくのか三《み》）

です。1944年（昭和19年）のことです。この6月10日の神示にはまだ続きがありますが、とりあえず、最初の部分をご紹介させていただきました。

初めにお断りしておきますが、神示を引用するにあたっては、なるべく長く紹介をしたいと考えております。

といいますのも、一部だけで、前後の部分を割愛してしまうと、意味を取り違える恐れがあるからです。

国会議員などが、テレビや国会で、言葉尻を捕えられて失言と騒ぎ立てられることがよくあります。実際、話の前後を省略してしまうと、あたかも失言したように聞こえてしまうのも事実です。

写真でも周りをカットし、一部だけを切り取って拡大すると、真実が隠れてしまうことがあります。

ですから、できるだけ、話の筋がわかるように長めの引用を心がけたいと思っております。ただ長すぎるのも問題ですから、適度にカットすることもあります。そこはご了承願います。

さて、この神示の最後の部分、「なれる」とは、なったと解釈するのが普通でしょう。つまり、「神の国のまことの力を現す代となった」です。過去形です。

神示が下ろされたのは、１９４４年（昭和19年）６月です。時は、太平洋戦争のさなか、終戦は、翌年です。とても、「富士は晴れたり」と喜んでいる状態ではないことは明らかです。

では、この言葉は、どう解釈したらいいのでしょうか。単に、「天気がよく、晴れ渡って富士山がよく見えている、すがすがしい」と通り一遍の言葉通りに受け取って満足するわけにはいかないでしょう。何しろ、とても大切な第一声なのですから。

実は、この一文を解釈するには、いろいろと前提が必要です。それを頭に入れておかないと、深読みはできません。

長くなりますが、まずは、日月神示がなぜ下ろされなければならなかったのか、そこから考えていかなければ、第一声の重みがわからないと思うのです。

日月神示が下ろされるまでの出来事

この度の神仕組みの始まりは、出口王仁三郎の「霊界物語」に述べられています。私の拙著をすでにお読みいただいた方には、重複になりますが、もう一度簡単にご紹介したいと思います。

霊界物語は、皆さんご存じのように、大本の聖師・出口王仁三郎が、口述筆記をさせて記した、霊界（神界）での有り様を述べたものです。その出来事が霊界で実際に起こったのか、あるいは比喩的なものなのか、もちろん、それは謎です。

しかし、物語で述べられている霊界での出来事は、この現実界に形を変えて転写されている、というのが、大本系の人や神仕組みが存在すると考えている人たちの間では、共通の認識なのです。

たとえば、古事記は歴史書でありながら、神話の部分も存在します。この神話をどう解釈するかは、人それぞれですが、古事記を信じる人たちが、神話での出来事がこの現実界に転写されていると考えているのと同じです。

説明はこれくらいにして、まずは、霊界物語を見てみましょう。

第一巻・霊主体従・子の巻／第三篇・第二十二章「国祖御隠退の御因縁」にこう述べられています（全文をご紹介するには長すぎるので要約を行い、大事な部分は引用して、それを鍵括弧で記しておきます。出典は、『霊界物語』／大本教典刊行会編です）。なお、「みこと」と読む漢字は、表記が「尊」と「命」の二通りありますが、原文に従うこととします。


「大国常立尊《おおくにとこたちのみこと》は、御神力によって、天地をお創りになり、太陽、太陰、大地の分担神が定まった。太陽の霊界は、伊邪那岐命《いざなぎのみこと》、太陽の現界は、天照大御神《あまてらすおおみかみ》が主宰する。また、太陰の霊界は、伊邪那美命《いざなみのみこと》が、その現界を月夜見之命《つきよみのみこと》が主宰する。

そして、大地の霊界は、大国常立命《おおくにとこたちのみこと》、その大海原（現界）は、須佐之男命《すさのおのみこと》が主宰する。

ところが、太陽界と大地球界は、鏡を合わせたように、同じように混乱状態に陥ってしまった。

一方、天界は、大国常立尊がお生みになった稚姫君命《わかひめきみのみこと》が司っていたが、邪神どもにより、天地経綸の機織《はた》の仕組みを仕損じてしまい、稚姫君命は、地上に降って、国常立命とともに地底に潜まわれた。

そこで、大国常立命は、天地間の混乱と邪悪分子を掃蕩するために、大八洲彦命《おおやしまひこのみこと》を天使長兼宰相の地位に立て、非常に厳格な規則正しい政《まつりごと》を行った。

それで、数百年は、立派な神政が行われたが、次第に、神界、幽界、現界ともに、邪悪分子が殖えてきた。すると、八百万《やおよろず》の神人は、不服を訴えるようになり、山川草木にいたるまで言問いあげつらう世になった。

そこで、大八洲彦命は、国常立尊の御意志に背くと知りつつも、和光同塵の神策を施し、ともかくも世を治めた。

しかし、それでも霊界は、盤古大神《ばんこだいじん》を擁立する一派、大自在天神大国彦《だいじざいてんじんおおくにひこ》を押し立てる神人の集団が出現し、なかには、両派に属せず中立ながら、国常立尊の神政に反対する神々も生じてきた。

国常立尊は、やむを得ず、天の天照大御神、日の大神（伊邪那岐尊）、月の大神（伊邪那美尊）に救援を求め、御三体の大神は地の高天原に降臨したが、これら天の御三体の大神をもってしてもどうにもならなかった。

そして、ついに、『国常立尊は、神議《かむはか》りに議られ、髪を抜きとり、手を切りとり、骨を断ち、筋を千切り、手足所を異にするやうな惨酷な処刑を甘んじて受けたまうた。されど尊は実に宇宙の大原霊神《おおもとがみ》にましませば、一旦肉体は四分五裂するとも、直ちにもとの肉体ら復《かえ》りたまひ、決して滅びたまふといふことはない』。

天の御三体の大神様は君系で、国常立尊は臣系だ。しかし、元々の大国常立尊は元の祖《おや》神《がみ》で、御三体の大神様を生んだ存在なので、天の大神様も真情としては、国常立尊を退隠させることは忍び難いことではあったが、『国祖に対して後日の再起を以心伝心的に言ひ含めたまひて、国常立尊に御退隠をお命じになり、天に御帰還遊ばされた』。

その後、盤古大神を擁立する一派と大自在天神を押し立てる一派とは、激しく覇権を争い、ついに盤古大神の党派が勝ち、幽政の全権を握ることになる。

『一方、国常立尊は、自分の妻神　坤《ひつじさるの》金神と大地の主宰神金勝要神《きんかつかねのかみ》および宰相神大八洲彦命その他有力なる神人と共に、わびしく配所に退去し給うた』。

そして地上を主宰する須佐之男命も、自転倒嶋《おのころじま》から立ち去って、さすらいの旅を続けることになった。」

これが霊界物語で語られた内容です。これらの出来事は、神界なのか霊界、はたまた幽界でのことなのか、わかりづらいところですが、この現実界に転写されることになりました。

ところで、霊界物語で隠遁したとされる金勝要神は、どのような神なのか、霊界物語に説明があります。

それは、同じく「子の巻」の第八章「女神の出現」に記されていました。「われは大便所《かわや》の神なり」と、霊界探訪をしている出口王仁三郎の前に、突然現れたのです。「全身金色にして仏祖のいはゆる、紫摩黄金の肌で、その上に玲瓏《れいろう》透明にましまし、白の衣裳と、下は緋の袴を穿ちたまふ、愛情あふるるばかりの女神であった」とあります。

王仁三郎は、霊界物語の中でこう説明しています。

教祖の御話に、

「金勝要神は、全身黄金色であって、大便所《かはや》に永年のあひだ落とされ、苦労艱難の修行を積んだ大地の金神様である。その修行が積んで、今度は世に出て、結構な御用を遊ばすやうになりたのであるから、人間は大便所の掃除から、歓んで致すやうな精神にならぬと、誠の神の御用はできぬ。それに今の人民さんは、高い処に上がって、高い役をしたがるが、神の御用をいたすものは、汚穢所を、美しくするのを楽しんで致すものでないと、三千世界の大洗濯、大掃除の御用、到底勤め上がりませぬ」。

との言葉を承った。

ここにありますように、金勝要神は、国常立尊御隠退のおり、トイレの神に配所されたのです。

今は、金運をつけたければ、弁天様ではなく、この金勝要神様を拝むといいでしょう。

もちろん、トイレ掃除も欠かせません。

実際、自動車部品を販売する「イエローハット」の創業者・鍵山秀三郎氏は、トイレを素手で掃除し続け、今日を築かれました。トイレを掃除すると「心が澄んでくる」とおっしゃっています。まさに「身魂《みたま》」磨きです。

自宅や会社だけでなく、公園の汚れたトイレまで素手で掃除をされるのです。頭が下がる思いなのは、私だけではないでしょう。

だいぶ話がそれました。国常立尊が隠遁されたのが、丑寅の方位です。つまり、北東です。それゆえ、国常立大神は、「丑寅《うしとら》の金神（鬼神）」と呼ばれ、恐れられてきました。この方位は、鬼門とされ、侵すと災いが起こるといわれてきたのです。節分の行事は、国常立大神を封じるための風習でした。

ここで、また、話が脱線しますが、「国常立尊」および「大国常立尊」と「国常立大神」は同じではありません。それぞれ次元が異なるのです。もちろん、御働きも違います。ですから、日津久神と天之日津久神、国常立大神とは、同じようで大きな違いがあるのです。後で詳しく検討したいと思いますが、ここではそれだけ覚えておいてください。そして、隠遁された国常立尊は、国常立大神として復活されたのです。

どうして、甦ることができたのか、それは仕組みに関わる、いわゆる因縁の身魂たちの働きによるものです。

この地球が次元上昇することで、神界も新しい体制が必要となりました。神界の政権交代です。そこで、国常立大神の復活が待たれたのです。国常立大神を封じ込めたのは、私たち人も同様です。毎年の節分の日、「鬼は外」と、呪いの言葉を投げかけました。

ですから、封印を解くのも、私たち人の力も必要でした。国常立大神の御出現の最初の型を出したのが、「松緑神道大和山《しょうろくしんとうやまとやま》」（本部は、青森県東津軽郡平内町）でした。教祖は、青森市に生まれた田澤清四郎。法名・大和松風《やまとまつかぜ》と名乗られています。

松風が行った御神業は、閉じられた鬼門を開き、神界の箱庭を創って、地の高天原を興す地場を整えたことでした。これにより、国常立大神の御出現の準備の一つが完了しました。

もちろん、その下地を作ったのは、大本つまり、出口王仁三郎と出口なをでした。「大和山と大本は、鳥の翼の両翼だ」といわれ、王仁三郎も松風もお互いに兄弟教団だとの認識がありました。

松風の次女・都津子（法名・大和松蝶）には、全文字漢字による神示が下りていました。三六九文字の漢字です。この神示は、「神奥集」と呼ばれ、大和山導きの糧《かて》となります。

ひらがなの送り仮名をつけ、読み下したのが松風で、翻訳には難儀し、一行を訳すのに、一日を要したこともあったといわれています。すべて終わるまで、数年の歳月がかかりました。

一方、大本では、出口なをに膨大な量のお筆先（神示）が下りており、こちらは全文字ひらがなです。このひらがなと漢字の神示は、元が一つで、表裏にあるとされ、このことからも、両教団につながりがあることがわかります。

そして、日月神示は、ご存じの通り、漢数字をもとにしたひらがなとカタカナ、ごく少数の漢字、いくつかの記号から成り立っていて、日月神示が、大きな神仕組みの一連の流れの中で、下ろされたことがわかります。

松風は、「竹の仕組みが世に出ない限り、ミロク世はならない」という言葉を残し、竹の仕組みを導く御働きをしましたが、日月神示もそれを継いで、竹の仕組みを案内する元《もと》主《す》御経綸《ごけいりん》の案内書（計画書）の役割を担ったのです。

大本には、梅（天）の高天原のひな型として、全文ひらがなの神示が下ろされ、大和山には、松（地）の高天原の顕現として、全文漢字の神示が下され、その仕組みから導かれた岡本天明の日月神示は、竹（人）の高天原である竹の仕組みを導く、数を基本とした神示となったのでした。数は、「時刻」の意味を持ち、神示が計画書の役割を持つことを示唆しています。

そして後に天明は、人の高天原である、縁ある人たちが集まる斎庭《ゆにわ》（集いの場）を創ります。

天之日津久神とは？

日月神示が天明に下ろされたのは、千葉県成田市台方の麻賀多《まかた》神社の末社・天日津久《あめのひつく》神社の境内です。この神社のご祭神は、天之日津久神ということです。

では、この神様はどのような神なのでしょうか。天之日津久神を「あまのひつくかみ」と読み下したものと、「あめのひつくかみ」と書かれた書があり、はっきりしません。もちろん、記紀にも登場していません。

実は、この呼び名が大変重要なのです。結論を言いますと、私は、「あめのひつくかみ」と思っています。

１９４４年（昭和19年）6月10日、天日津久神社の前あたりで、岡本天明の腕を使いながら、第一声を上げられました。

「富士は晴れたり、日本晴れ。神の国のまことの神の力をあらはす代《よ》となれる。神が世界の王になる。てんし様が神と分からん臣民ばかり、口と心と行ひと、三つ揃ふたまことを命《みこと》といふぞ。神の国の臣民みな命《みこと》になる身魂《みたま》、掃除身魂結構、六月の十日、ひつくのか三《み》。」

神様は、自ら、「ひつくのか三《み》」と名乗られました。この「ひつくのか三」と「あめのひつくのかみ」は、別の神様です。

というのは、第十巻水の巻・第十四帖の最後の部分に次の文章があります。

「この神示読みて神々様にも守護神殿にも聞かせて呉れよ。いよいよあめの日津久の神様おんかかりなされるぞ。旧五月五日、三《みづ》のひつ九か三。」

そうです。この「いよいよあめの日津久の神様おんかかりなさる」とあるのです。そして、「みづのひつくかみ」様が、この帖では、神示を下ろされています。

この神示の内容から、「みづのひつくかみ」様は、「あめのひつくのかみ」様とは別の神であることは明白です。

水の巻は第十七帖まで続き、そして、神示通り、次の松の巻（第十一巻）と夜明けの巻（十二巻）は、すべて「あめのひつくのかみ」様によるものとなりました。

1945年（昭和20年）6月17日から8月10日にかけて下りたこの二巻は、特別な神示といえるでしょう。8月15日に、太平洋戦争は、終わりを迎えました。

大切な言霊の解釈

神様の探求は、ここで一休みして、いよいよ本文をしっかり見ていきましょう。「富士は晴れたり、日本晴れ」。この言葉は、「ひつくのかみ」様が待ちに待った末のお言葉でした。どうでしょう。神様のお喜びが感じられませんか？

大本や大和山、いやそれ以前の「さきがけの教団」といわれた、いわゆる江戸末期から起こされたいくつかの教団からの下準備が整ったから、下ろすことができたのです。

ですから、「富士山がよく晴れた。雲一つない日本晴れとなった」。こんな解釈だけでは、もったいないと思います。

そこで、少し深読みするために、言霊について考えてみましょう。参考になるのが、『0フォース　人類最大の発見《ちから》縄文秘力《Jomon Code》』（ヒカルランド）です。作者は、千賀一生さん。「ガイアの法則」を世に知らしめた人です。

この本は、ある縄文遺跡で受け取った、縄文時代に存在していた長老のメッセージを紹介するという内容になっています。その長老の言葉によれば、「ＨＡＲＥ」は縄文時代からある原初からの言葉なのです。これを神聖言語というそうです。

もともと、「ＨＡ」は、「愛」をも表す言葉で、ＨＡは、愛を成立させる原理でもあるそうです。ＲＥは、それが広がっていく、つまり、空間に働きかけをするという意味を持ちます。

となると、富士が晴れるとは、富士の持つ愛の力が日本全体に行き渡るという意味も出てきて、さらに、富士とは、「富士神界」のことも考えられるのです。そうであれば、富士神界の神力が日本に、世界に行き渡る世になったという意味も出てきます。

また、日月神示には、「富士動くぞ」という言葉もあり、多くの人が「富士山が噴火する」という解釈をしています。これも、それだけでなく、「富士神界が動く」という解釈

0フォース
人類最大の発見
縄文秘力
1が∞となる
神域の実在
千賀一生
『スターウォーズ』も秘す
フォース原理「0∪∞=1」とは？

も成り立ちます。

　さて、その富士神界ですが、富士といえば、コノハナサクヤヒメです。そして、忘れてはいけないのが、イワナガヒメ。つまり、縄文の神様たちです。昨今、瀬織津姫《せおりつひめ》初め、縄文の神々様の復活を告げる書が溢《あふ》れているのも納得でしょう。

「神の国のまことの神の力をあらはす代《よ》となれる」とは、まさにこのことです。もしかすると、「ひつくのかみ」様ご自身も、縄文の神かもしれません。

　第四帖の最後に、「二二三《ふそう》の木《こ》ノ花咲耶姫《はなさくやひめ》の神様を祀りて呉れよ。コノハナサクヤ姫様も祀りて呉れよ。六月十三の日、ひつきのか三」とあるのも頷けます。

　ここで、第一帖の全文を見てみましょう。ここに、「ひつくのかみ」様の思いが凝縮して込められていると思うからです。


「富士は晴れたり、日本晴れ。神の国のまことの神の力をあらはす代《よ》となれる。仏もキリストも何も彼《か》もはっきり助けて七六《しちむつ》かしい御苦労のない代が来るからみたまを不断《ふだん》に磨いて一筋の誠を通《と》うして呉れよ。いま一苦労あるが、この苦労は身魂《みたま》をみがいて居らぬと越せぬ、この世初《はじ》まって二度とない苦労である。このむすびは神の力でないと何も出来ん、人間の算盤《そろばん》では弾《はじ》けんことぞ。日本はお土が上がる、外国はお土が下がる。都の大洗濯、鄙《ひな》の大洗濯、人のお洗濯。今度は何《ど》うもこらへて呉れといふところまで、後《あと》ひかぬから、その積りでかかって来い、神の国の神の力を、はっきりと見せてやる時が来た。嬉しくて苦しむ者と、苦しくて喜ぶ者と出て来る。⦿は神の国、神の力でないと何《な》んにも成就せん、人の力で何ができたか、みな神がさしてゐるのざ、いつでも神かかれる様に、綺麗に洗濯して置いて呉れよ。戦は今年中と言ってゐるが、そんなちょこい戦ではない、世界中の洗濯ざから、いらぬものが無くなるまでは、終らぬ道理分らぬか。臣民同士のいくさでない、カミと神、アカと垢《あか》、ヒトと人、ニクと肉、タマと魂《たま》のいくさぞ。己の心を見よ、戦が済んでゐないであろ、それで戦が済むと思ふてゐるとは、あきれたものぞ、早く掃除せぬと間に合はん、何より掃除が第一。さびしさは人のみかは、神は幾万倍ぞ、さびしさ越へて時を待つ。神が世界の王になる、てんし様が神と分らん臣民ばかり、口と心と行ひと、三つ揃ふたまことを命《みこと》といふぞ。神の国の臣民みな命《みこと》になる身魂《みたま》、掃除身魂結構、六月の十日、ひつくのか三《み》。」

先ほど、1行目の「神の国のまことの神の力をあらはす代《よ》となれる」の解釈を富士神界の神による代になると読み取れると述べましたが、全文を読むと世界や日本は、もっと大きな神の世となることがわかります。

富士神界は、そのお手伝いのようです。「まことの神」とは、どの神でしょうか。「仏もキリストも助ける」ほどの神です。仏やキリストとは、仏教徒やキリスト教徒のことをいうのではありません。仏教やキリスト教の神々様のことです。仏教やキリスト教の仏様、神様を助ける神です。

つまり、仏教やキリスト教の神々様でもどうにもならない大きなことが起こるということです。「この世初まって二度とない苦労」が起きるということです。

ですから、戦争ではありません。もしかすると、岡本天明たちは、太平洋戦争を思い浮かべたかもしれません。何しろ、神示が下りたのは、その真っ最中で、しかも日本は苦しい立場にあったのですから。

これまでも大きな戦争は、いくつもありました。日本にも、世界にもです。したがって、この世始まって以来、しかも二度とないような苦労。これが戦争であるはずがありません。

では、何なのか。それを明確に明かしたのが、「火水伝文《ひみつつたえふみ》」でした。

それによれば、これは、「田田交井《たたかい》」なのです。この「田田交井」については、あとで詳しく説明いたしましょう。

神様の御経綸（計画）は、宇宙規模のものですから、一霊能者、一教祖、一教団だけが担う小さなものではありません。もちろん、日本だけではありません。世界の各地で準備が整えられているのです。

たとえば、日月神示でも国常立大神が直接下ろしたものではありません。ひつくのかみ様と天之日津久神様が代理で下ろされたのです。

というのも、1944年（昭和19年）のこの時点では、国常立大神様は、お出ましになったものの本格的に活動を始める準備が整っていなかったのです。

国常立大神様がお出ましになるのは、後に「九道の辻鍵」といわれた辻天水の仕組みにおいてでした。そして、完全復活を成就させたのは、大元教《たいげん》を興した岡本秀月です。平成3年のことでした。

実は、日月神示と火水伝文は、車の両輪のようなもので、セットと考えられるのです。両方を読まれた人はわかると思いますが、日月神示と火水伝文には、多くの共通する内容のものがあり、逆に矛盾するものはないからです。火水伝文は、日月神示の伝えることを補完しているといっていいでしょう。

火水伝文の最後の部分、文を下ろされた我空徳生氏《がくうとくお》によるあとがきにこうあります。

「(略) このフミは、国祖・国常立大神様のご守護、ご指導、お導きのもとに、この度この世に下されたと知らされました事、この場を借りましてご報告申し上げたいと存じます。

また【日月は経綸の計画書じゃ。火水は経綸のワケじゃ。】と知らされ、このフミと併せ

【日月神示】を必ず読まれる様、皆様に伝えよと申し渡されて居ります。どうか、お読みになられまして、大神様のご神意をお取り頂ければと存じます。

皆様の三真釣りが十全になされますようお祈り申し上げます。

平成四年四月吉日記　　我空徳生」

また、我空氏は、こうもおっしゃっています。「日月は浴びよ、火水は歩め」。これももちろん、大神様からの伝言です。

火水伝文については、『火水伝文《ひみつつたえふみ》と☉九十《まこと》の理《みち》』（四海書房）に詳しく説明してありますが、この書は、絶版となっていますので、本書では、この内容も含め、紹介したいと思います。

ここでは、一つだけ、火水伝文にある言葉を紹介しましょう。それは、「三真釣り」という言葉です。これは、「みまつり」と読みます。真釣りとは、釣り合わせること、つまり、「まこと」の状態に持っていくことです。口の真釣りと心の真釣り、行いの真釣りの三つを三真釣りというそうです。

日月神示に、こうありました。「口と心と行ひと、三つ揃ふたまことを命《みこと》といふぞ」。つまり、神示にある、「口と心と行ひ」が揃うとは、口と心と行いの三つのまことを揃えること。一言でいえば、三真釣りをなすことです。これがなされた、まことの人を、命《みこと》というのです。

さらに、「神の国の臣民みな命《みこと》になる身魂《みたま》」とありますから、私たちも、みことにならなければなりません。

どうしたら、みことになれるのか。それは、もちろん、まずは、身魂の掃除です。日月神示にも、何度も掃除してくれとあり、この帖の最後にも「掃除身魂結構」とあります。具体的には、火水伝文をひもとく必要がありますので、これも後で、ご紹介しましょう。

大事なのは、日月神示を浴びるように、よく読み、肚《はら》におさめることです。これは、日月神示にも繰り返し述べられています。

また、前置きが長くなりました。本題に戻りましょう。

千賀一生氏の『0フォース』には、宇宙空間は、「MA」であると記されています。そして、宇宙を「子宮空間」と呼び、この文字に「MA」というフリガナをつけているのです。

つまり、「MA」とは、子宮空間そのものを指すわけです。火水伝文を下ろした我空氏も同じような説明をしていました。宇宙は、元津《もとつ》神の子宮の中のことをいい、子宮の内側を「アマ」といい、外側を「アメ」と呼ぶと。

そして、子宮内宇宙は、「あいうえお」五十音で構成されており、あ、い、う、え、おなどの言葉は、「マ」と呼ぶのだそうです。

元津神という言葉も、よくわからないかもしれません。ここでは、宇宙を子宮内に孕《はら》んだ神とご理解ください。

その子宮内の宇宙が、ついに出産を迎える。それが「宇宙の出産」です。宇宙を三次元世界だとすれば、次元が2段階上がるのです。地球は、五次元世界に移行するそうです。

もちろん、これは宇宙始まって以来のことであり、二度とない出来事です。当然、私たち人にとっては、苦しいことも起きてくるでしょう。これまで多くの「悪」を作り出してきたわけですから。

五次元世界に「悪」は持ち越せません。日月神示にも「七六かしい御苦労のない代が来る」と述べられています。

「悪」を払うのが、「掃除」です。払うといっても、神様にお祓《はら》いしてもらえば、それでオーケーというわけにはいきません。ですから、日月神示でも何度も「掃除しなさい」と忠告しているのです。神が大掃除（大洗濯）をする前に自分でしておけば、その分、苦しみが和らぎます。

そして、正確には、払うのではなく、善に真釣り替えるのです。その説明も後ほどさせていただきます。

子宮の内側が「アマ」で、外側が「アメ」。ですから、「アマノヒツクノ神」と「アメノヒツクノ神」とは、次元が違うことにお気づきでしょう。子宮の外側は、宇宙を創造した神々様（元津神）の集う世界です。

したがって、「アマテラスオオミカミ」は、子宮内の神様（中津神）ということになり、「アメノミナカヌシノカミ」は、元津神ということになります。

第二帖には、「救はねばならず、助かる臣民はなく、泥海にするは易いなれど、それでは元の神様にすまず、これだけにこと分けて知らしてあるに、きかねばまだまだ痛い目をみせねばならん」とあります。下ろされたのは、「六月の十日、書は、ひつくのか三。てんめ御苦労ぞ」とありますから、ヒツクノ神様です。ひつくのか三は、子宮内の神であることがわかります。

日月神示の「松の巻」と「夜明の巻」は、元津神である「アメのひつ九か三」様が下ろされた神示なのです。

「むすび」とは何か

もう少し続きを見ていきましょう。「まことの神の力をあらはす」「一筋の誠を通して呉れよ」とあります。この「まこと」とは、どういうことでしょう。火水伝文にも「しっかり【マコト】持ち行きて下されよ」「三真釣り持ち行く【マコト】大切なるを忘るなよ」「マコト無き所にマコトの神は降りぬのぞ」（P．9）とあります。

日月神示では、「命《みこと》」がマコトを持った人です。まことの神とは、◉九十《まこと》の神で、元津神様のことだと考えられます。◉九十で宇宙全体を表すからです。

次に注目すべきは、「このむすびは神の力でないと何も出来ん」という言葉です。問題は、「むすび」です。

大相撲の最後の取り組みを「むすびの一番」といいます。ですから、むすびは、最後を締める、終わりを意味します。では、神示でいうむすびとは、何でしょうか。五次元に移行する最終段階は、陰陽の合体です。

これまで、前と悪、陰と陽、霊と体、男と女など、対立する二つの概念で物事を分ける、いわゆる「相対二元」の世界で、宇宙は成り立っていました。

それが一つになるのです。霊と体が結ばれれば「半霊半物質」になります。男と女が一つになれば、いわゆる「おかま」になるのではありません。男性は、隠れていた女性性を、女性は男性性をいつでも発揮することができるようになるのです。

それが、女性原理と男性原理の融合です。今は、男性原理だけが強く出ている世となっているのです。

このことは、千賀一生氏の『ガイアの法則II』（ヒカルランド）に詳しく解説されていますので、参照してください。

善と悪が一つになれば、それは、「至善」です。自然と考えてもいいでしょう。

二元を結ぶことが「むすび」です。

「お土」の持つ意味

「日本はお土が上がる、外国はお土が下がる。」

次のテーマは、この言葉です。一般的な解釈では、「お土」を陸地と考え、日本は陸地が隆起し、外国は陸地が沈むところが出てくるということになるでしょう。

実際、小笠原諸島の西之島では、今現在も噴火が続いており、陸地が増え続けています。

もちろん、ここでは、もっと大きな天変地異を示唆しているものと思われますが、地球は生きており、また、彗星など接近すれば大変動は必至でしょう。

第三帖には、「海が陸《おか》になり陸《おか》が海になる」という言葉も見られますから、これは、無理のない解釈といえるでしょう。

しかし、ここではもう一捻りしてみましょう。一つの言葉にいくつもの意味が隠されているからです。

火水伝文には、こうあります。少し長いですが、引用してみましょう。


「火と水の真十字に組み結んだ中心を【真中《まなか》】申すのぞ。こが万象万物を産み有無ところ、神、無限力徳の御座《みくら》であるぞ。汝の真中も同じ御座なるを知りて下されよ。スミキルお土のハタラキ現れて、元つの響きの産土の鳴り出るところじゃ。

善いか、火「|」と水「一」が真十字に組み結びた素型《すがた》「十」を火水《かみ》、カミと申すのぞ。お土《つち》申すは、火と水が真十字に組み結びた素型をスクリと真すぐに立ちある様「|」力にてご守護致す由、十と一で「土」と型示しあるを知りて下されよ。これ解かるか、マコト

の神真釣り申すは［十］がスクリと真すぐに立ちてある［土］の有り様も伝えあるのぞ。しかり聞きあれよ、こはこ度の事に関わりて、肝腎要の要石の基にござるから、聞き流しおりてはマコトは取れんぞ。真中のマコトの御ハタラキをご守護致す由、お土を真中にお入れ致し、火土水《ヒトミ》と成すがマコト真釣り素型にてあるぞ。一二三《ヒフミ》の事じゃ。マコトの事を申すのであるよ。」（P.50〜51）

そして、「【火・土・水】申すは正しく【口《く》・心《しん》・行《ぎょう》】の事にもあるぞ」（P.51）とも記されています。

火水伝文によれば、「お土」とは、真中のことで、火と水を組み結び支えるお役目と読み取れます。

「お土、申せば心と同じ響きなり、同じ御ハタラキをなさる御座なり。」（P.52）

ともあります。

つまり、「日本はお土が上がる」とは、この真中のハタラキが上がるということで、日本は、世界を結び、支える働きをすることになるのです。そして、今まで中心にいた外国がその座を下りるということでしょう。

それで思い出すのが、『ガイアの法則』（ヒカルランド）です。千賀一生氏によれば、現在は、ロンドン（東経・西経ゼロ度）を中心に西洋文明が世界を牽引していましたが、これからは、東経１３５度の経線が通る日本が新たに文明を築くことになると述べています。それが「ガイアの法則」です。

次の「都の大洗濯、鄙《ひな》の大洗濯、人のお洗濯」は、都会も鄙（田舎）も人も洗濯するということでしょう。大洗濯ですから、まずは洪水や津波などの水で洗われ、そして地震、噴火などによる火の浄化、きれいさっぱり掃除するということだと思われます。かなりの天変地異を覚悟しておいたほうがいいでしょう。

このことの一部はすでに起こっています。阪神・淡路大震災、東日本大震災、等々、そして台風などによる数々の洪水、地すべり、土砂崩れ。

もちろん、新型コロナウイルスによる様々な困難も掃除の一環と考えていいでしょう。

しかし、これで終わりではありません。これからもっと大変なことが起こると思われます。

その後の「嬉しくて苦しむ者と、苦しくて喜ぶ者と出て来る」もわかりにくい表現です。災害は、一瞬で人を苦しみの中へ陥れます。楽しい家族団欒の最中でも、地震はやってきます。これは、嬉しくて苦しむことといえるかもしれません。

あるいは、神頼みや「引き寄せ」を行って、願いを叶えてもらう。これも嬉しいことで

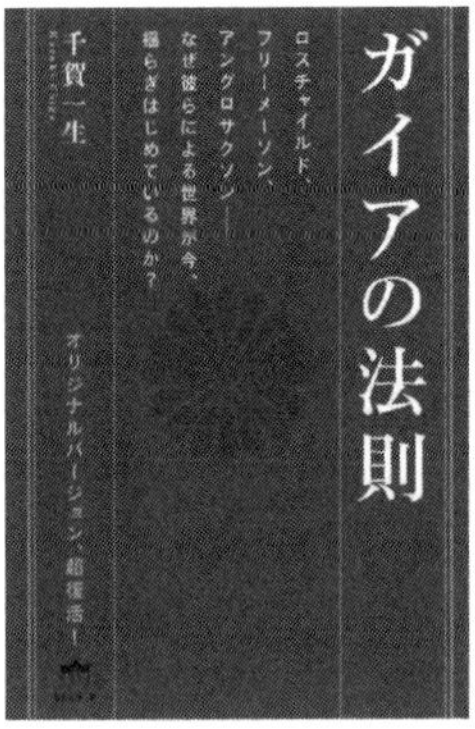

しょう。しかし、それでは、カルマの解消とはなりません。身魂の掃除にはならないのです。最後には、必ず、苦が訪れることになります。

では、苦しくて喜ぶ者とは何でしょう。苦しいことが心から好きだという人はいないでしょう。しかし、苦しいことも、一ついいことがあります。それは、身魂の掃除につながること。掃除は、別に苦でもって行う必要もありませんが、苦しいことは、身魂の掃除になるのです。

ですから、それを知っている人は、苦を喜びに変えることができます。苦しくて喜ぶ者とはそういう人のことをいうのでしょう。

このことは、もう一度、本書の最後にも触れたいと思います。

戦うとは戦争だけではない

普通に読んで、また意味がよく取れない言葉が出てきました。それは次の言葉です。

「戦は今年中と言ってゐるが、そんなちょこい戦ではない、世界中の洗濯ざから、いらぬものが無くなるまでは、終らぬ道理分らぬか。臣民同士のいくさでない、カミと神、アカと垢《あか》、ヒトと人、ニクと肉、タマと魂《たま》のいくさぞ。己の心を見よ、戦が済んでゐないであろ、それで戦が済むと思ふてゐるとは、あきれたものぞ、早く掃除せぬと間に合はん、何より掃除が第一。」

この時期、日本の敗戦は、誰の目にも明らかでした。ですから、太平洋戦争はもうすぐ終わるのですが、神示では、戦はまだ終わらないと述べています。ここでいう、戦とは、単に臣民同士、つまり、人と人の争いのことだけではない、本当の戦とは、カミと神、アカと垢、ヒトと人、ニクと肉、タマと魂の戦だといいます。

そして、その戦で、掃除・洗濯を終わらせるとのことです。これはどういうことでしょうか。

その答えも火水伝文にありました。

まず、戦とは、戦いです。戦いとは、実は、「田田《たた》交卄《かい》」なのです。「田田交卄」、この言葉も説明が必要でしょう。

田というのは、宇宙空間そのものです。そして、それは、あいうえお五十音図で表すことができます。「間《ま》」ともいいます。あいうえお五十音の一つひとつは、小間《こま》といい、それぞれ、あ間、い間、う間、……といいます。全部で「田」です。

そして、田は二つあります。「火の田」と「水の田」です。火の田は、霊《ひ》の田と考えていいでしょう。水の田は、この現実世界のことです。火の田は、目には見えませんが、重なり合うように存在しているのです。

ですから、「カミ」とは、火の田の存在です。「神」は水の田に力を及ぼしている存在。そして、「ヒト」は霊体のひと、「人」は、肉体そのものです。

要するに、「霊」と「体」、この二つが田田交産《たたかう》のです。神示がいう、戦は、両者が田田交産ことです。田と田が交わって、産む。新しい世界を産むわけです。「霊」と「体」の合体です。すなわち「半霊半物質」となるのです。それが本当の戦。

それには、身魂をきれいにしておかなければなりません。汚れたままでは、田田交産こはできません。神示で、掃除、掃除と何度も繰り返すのも納得でしょう。

この項の最後に、ヒトについて少し補足しておきましょう。神道では、ヒトは、肉体の他に、一霊四魂《いちれいしこん》を持つといいます。一霊とは、主神《すしん》の一厘、すなわち直霊《なおひ》です。奇魂《くしみたま》、荒魂《あらみたま》、和魂《にぎみたま》、そして幸魂《さきみたま》の四つが四魂で、直霊は、四魂の中心部に存在します。一霊四魂の一霊は、霊体そのものを指す場合もあり、全部あわせて霊魂《みたま》です。

なお、霊体と、いわゆるオーラとは別のものです。オーラのもとは、四魂です。魂が発するエネルギー体がオーラです。そのもとは、銀河の中心から発せられるエネルギー。魂は、エネルギーの変換器でもあるのです。

神が世界の王となる

次に、考えなればならないのが、「神が世界の王になる、てんし様が神と分らん臣民ばかり」という言葉です。

神が世界の王になるとは、どういうことでしょう。今は、世界を牛耳《ぎゅうじ》っているのは、闇の勢力だったり、世界的大企業の経営者や国王、国家元首だったりします。しかし、新しい世界では、神が直接世界を治める世になると考えられます。

世界を治めるてんし様は、日本の天皇ではありません。もちろん、天皇と解釈する人もいるでしょう。わざわざ「てんし様が神と分らん臣民ばかり」と述べられていますから。多くの人がてんし様は人だと思っているのです。そして、人なら、天皇であると。しかし、私はその説は取りません。てんし様は神であり、人皇ではないからです。

確かに、「てんし様まつれと申してあろが。天津《あまつ》日《ひ》嗣皇尊大神様《つぎすめらみことおほかみさま》とまつり奉《まつ》れ」との記述もあります。ですから、てんし様を天皇と考えておかしくはありません。ただし、この場合もあくまで神としての天皇、つまり、本来の意味での天皇です。

神武天皇から始まる天皇は、いずれももともとの意味での天皇ではなく、あくまで「人皇」なのです。これは岩戸閉めにも関係していることです。

第十五巻岩の巻・第一帖にこうあります。

「（前文略）神にも見のあやまり、聞きのあやまりあるのざぞ。元の神には無いなれど、下々の神にはあるのざぞ。それで見なほし、聞きなほしと申してあるのざぞ。元の神には見直し聞き直しはないのざぞ、スサナルの大神様鼻の神様ぞ、かぎ直しないぞ、かぎのあやまりはないのざぞ。人民でも、かぎの間違ひないのざぞ。鼻のあやまりないのざぞ。スサナルの大神様この世の大神様ぞと申してあらうがな。間違ひ神々様、この世の罪けがれを、この神様にきせて、無理やり北に押込めなされたのざぞ。それでこの地の上を極悪神《ごくあくがみ》がわれの好き候《さうらふ》に持ちあらしたのざ。それで人皇《じんのう》の世と曇りけがして、つくりかへ、仏の世となりて、さらにまぜこぜにしてしまふて、わからんことになりて、キリストの世にいたして、さらにさらにわからぬことにいたしてしまふて、悪の仕組み通りにいたしてゐるのぢゃぞ、わかりたか。釈迦もキリストも立派な神で御座るなれど、今の仏教やキリスト教は偽《にせ》の仏教やキリスト教ざぞ。同じ神二つあると申してあらうがな。（後略）旧一月十五日、かのととりの日、一二⊙。」

また、第二十二巻青葉の巻・第十四帖には、

「（前文略）ダマシタ岩戸からはダマシタ神お出ましぞと、申してくどう知らしてあろう

がな、ダマシて無理に引張り出して無理するのが無理ぞと申すのぞ、無理はヤミとなるのぞ、それでウソの世ヤミの世となって、続いてこの世の苦しみとなって来たのざぞ、こうなることは此の世の始めから判ってゐての仕組み心配せずに、此の方に任《まか》せおけ任《まか》せおけ。八月四日、一二⦿。」

また、第二十三巻海の巻・第十一帖にも、

「だました岩戸からはだました神が出て、ウソの世となったのぢゃ、この道理判るであろう、ニセ神やら、だました神やら、次々に五度《たび》の岩戸締《し》めと申してあろが、（後略）八月二十三日、一二⦿。」

とあります。

つまり、天岩戸の中に、閉じ籠《こも》った天照大神様は、本当は、まだ岩戸から出ておらず、偽の神様がお出ましになり、それが岩戸閉めの一つとなったということです。その結果世の中は、大いに乱れ、その結果神武天皇が、人皇を名乗ることでことを治めたわけですが、それが岩戸を閉めることになり、四度の岩戸閉めとなったのです（岩戸閉めについては、後でもう一度検討します）。

ということは、今の天皇家は、神武天皇の御系統と記紀にありますから、今も人皇でいらっしゃいます。

岩戸開きとは、その因縁を清算するということです。すなわち、元の神が復活して、新しい世にし、新しい世界を創造するということです。ですから、世界を治める王とは、元の神の御系統の神様ということになります。

第十三巻雨の巻・第十七帖にも、

「天地の先祖、元の神のてんし様が王の王と現はれなさるぞ、王の王はタマで御現《おん》はれなさるのぞ。（後略）十二月十九日、ひつ九のか三。」

この神示では、てんし様は、肉体ではなく、魂として現れると読み取れます。

出口なをが下ろした神示は、お筆先と呼ばれ、大本により、「大本神諭」という形でまとめられています。そこには、次のようなものがあります。

「お照らしは一体、七王も八王も王が世界にあれば、この世に口舌が絶えんから、一つの王でおさめる経綸《しぐみ》がいたしてあるぞよ。世界の人民よ、改心いたされよ。もとの昔にもどすぞよ。びっくり箱があくぞよ。神国の世になりたから、信神《しんじん》つよきものは神のお役にたてるぞよ。いままでは、からと日本が立てわかれてありたが、神が表にあらわれて、からも天じくも一つに丸めて、万劫末代つづく神国の世にいたすぞよ。艮《うしとら》の金神《こんじん》はこの世のえんまと現われるぞよ。」（明治二十六年）

この王も、もちろん、人皇ではなく、神です。「神が表にあらわれて」という言葉がその後にあるからです。七王や八王も、世界の王族のことではなく、神様のことです。世界には、キリスト教の神、ユダヤ教の神、イスラム教の神、ヒンズー教の神など様々な神様が存在します。

実際、宗教戦争が絶えず起こっており、今も中東は、いつ戦争が起きても不思議ではありません。ですから、一つの王で治める、すなわち、それがてんし様です。天つ巻第四条・第十六帖にも「今度の戦《いくさ》済みたらてんし様が世界中知ろしめして、外国には王はなくなるのざぞ」とあります。

さらに、第十三巻雨の巻・第十七帖を見てみましょう。

「天地の先祖、元の神のてんし様が王の王と現はれなさるぞ、王の王はタマで御《おん》現はれなさるのざぞ。礼拝の仕方書き知らすぞ、節分から始めて下されよ、（礼拝の仕方は略す）暫くこのやうに拝めよ、神代《かみよ》になる迄にはまだ進むのざぞ、それまではその様にせよ、此の方の申す様にすればその通りになるのざぞ、さまで苦しみなくて大峠越せるぞ、大峠とは王統消すのざぞ。新しき元の生命《いのち》と成るのざぞ。神の心となれば誠判るぞ。誠とマとコトざぞ、神と人民同じになれば神代ざぞ、神は隠身《かくりみ》に、人民表に立ちて此の世治まるのざぞ。（後略）十二月十九日、ひつ九のか三。」

ここには、てんし様は王の王と現れて、しかもタマでの御出現と読み取れます。タマとは、魂のことでしょう。身魂ではありません。魂だけです。

そして、「大峠とは王統消す」とあります。これまでの王統はなくなるということです。人間界の王統はもちろん、神様も一新されます。神界の政権交代です。新たな神の御系統の神様が出現されるということでしょう。

では、世界を治める神、すなわち、てんし様とは、どの神様でしょうか。火水伝文にこうあります。

「元つ天の大神様は、地のへにスメラとユダヤの神策成就の経綸を背負うた二民を創り降ろされて、天地のご守護に、正神真神のご霊統にあらせられる二柱の大神を配し置かれたのじゃ。天上をご守護しなさるご一柱をアマテラスオオカミ様と称し奉る。地のへをご守護なさり、こ度、神響きにて地のへの王の王の王と現れなされミロクを顕じます、尊き御役のご一柱をカムスサナルノオオカミ様と称し奉る。

ナギご一柱でお産み成されたアマテラス様、スサノウ様と、ゆめお取り違え召さるなよ。」（P．146〜147）

ここに明確に記されていました。世界を治めるてんし様は、カムスサナルノオオカミ様です。日月神示にも「スサナルの大神様この世の大神様ぞと申してあらうがな」（岩の巻第十五巻・第一帖）とあります。

第五巻地つ巻・第十五帖にもこうあります。

「（前略）神の目には外国もやまともないのざぞ。みなが神の国ぞ。七王《ななおう》も八王《やおう》も作らせんぞ、一つの王で治めさすぞ。てんし様が世界みそなはすのざぞ。世界中の罪負ひおはしますすさなおの大神様に気付かんか、盲つんぼばかりと申してもあまりでないか。九月の二十三日、ひつ九のか三。」

日月神示にも、天使様がスサナル（すさなお）の大神様がてんし様であると明確に示されています。

さて、ここまで第一帖をざっと見てきました。どうでしょうか。これから日本やこの世界がどうなるのか、その方向をはっきり示していることがわかります。

内容を要約すると、次のようになります。

「富士は晴れたり日本晴れ。いよいよ富士神界が動き出し、富士の神様のご神徳が日本中にあまねく行き渡る。それにより、新しい時代の幕開けとなり、世界は、次元が上がる。それに伴い天変地異も起こる。身魂が磨けていないと、新時代に生まれ変わることはできないので、身魂の掃除を必ずしてほしい。新時代の中心は、日本。日本の神が世界の王になり、てんし様となって、世界を主導される。霊と体が分かれていた相対二元の世界は終わる。口と心と行いを改めて、新時代を築く命《みこと》になってもらいたい。日本の国の人ならみなそれができるのだ。」

一言でいえば、富士神界が動き出して、宇宙が出産し、五次元の世界に移行するから、身魂を掃除して、新時代に生まれ変われるように努力しなさい、ということだと私は考えています。

今までの解釈では、天変地異が起こるから、身魂を掃除して、新しい世に備えなさいというものが多いのではないかと思います。そこには、次元上昇、アセンションという概念が欠けているように思われます。

霊と体を分けた仕切りが岩戸です。その岩戸を開けるのが「岩戸開き」です。岩戸が開ければ、霊と体は合体し、新しい次元に移行するのです。そのための準備と計画書を下ろすのが、岡本天明とお仲間の人たちの御用でした。

上つ巻・第一帖は、高らかにそれを宣言したものとなっています。

それでは、「あめのひつくの神」様の第一声は、何を伝えてくださったのでしょうか。松の巻・第一帖の全文をご紹介しましょう。

「富士は晴れたり世界晴れ。三千世界一度に晴れるのざぞ。世の元の一粒種の世となったぞ。松の御代《みよ》となったぞ。世界ぢうに揺《ゆす》りて眼覚《さま》すぞ。煎《い》り豆花咲くぞ。上下《うえした》ひっくり返るぞ。水も洩らさん仕組ぞ。六月十七日、アメのひつ九か三。」

元津神様のご神示は、日本だけでない、世界全体、さらに宇宙から見た経綸をずばりご指摘なされていました。三千世界とは、神・幽・顕の三つの世界のことをいうのでしょう。三・四・五次元の世界です。ここでも神様のご神徳が広く行き渡ることを述べています。

松の御代《みよ》とは、別のところで、示しがあります。煎り豆に花咲くとは、国常立大神の復活を告げるものです。

なぜなら、古来、人は、節分の日、煎った大豆を投げながら「鬼は外」と大声で言い、煎り豆に花咲くまで出てくるなと、呪いをかけたからです。

ところが実際に煎り豆に花が咲くという、奇跡が起こっていました。いや正確には、揚げピーナッツが芽を出したのです。そして、花を咲かせ、実までつけました。

それを伝えているのは、学研の月刊誌『ムー』の1998年11月号です。中国緊急レポートと題したその記事によると、奇跡を見せたのは、北京地質大学人体科学研究所職員の孫儲琳《ソンチユウリン》さん（33歳／当時）です。

北京地質大学人体科学研究所の珍北京地質大学人体科学研究所の沈今川《シンチンシャン》教授が、水を浸した100粒の青豆を2個の容器にそれぞれ50粒ずつ入れると、孫さんは、そのうち片方の容器だけに、発功《はっこう》（気を発すること）しました。

すると、たった5分後に容器に入っていた豆すべてが発芽しました。一方の何もせず放置したものは、もちろん、まったく発芽していなかったのです。発芽した容器としなかった容器の距離はわずか20センチしか離れていません。

不思議ではありますが、孫さんの発功以外、発芽する理由が見当たりません。なお、孫さんは、青豆にはいっさい手を触れてはいませんでした。

孫さんが見せた奇跡は、これだけではありません。ゆでたり揚げたりして熱を通した落花生、エンドウ豆を手の中やグラスの中に入れ、少量の水を加えて、発功すると、3～6センチの発芽がありました。

この実験は、2年間で40回以上も成功させているということです。

マレーシアで、1996年12月に行われた公開実験では、マレーシアの名産の揚げピーナッツの缶詰をその場で開け、孫さんがひと粒の揚げピーナッツを両手で握り、12分間発功させると、長さ10センチ、太さは指ぐらいあり、若い葉まで生えた落花生の苗になっていたのです。

さらに、その苗をその場で鉢に植えると、後日、花が咲き、実がなり、そしてその実を植えるとまた成長したのです。

「煎り豆に花咲く」とはまさにこのことです。同誌では写真入りで紹介されていますから、疑いようがありません。

先にご紹介した通り、出口なをのお筆先にも、「時節を待てば煎豆にも花の咲く時節が参りて世に落ちてをりた神も、世に出て働く時節が参りたぞよ」とあり、国常立大神の復活の予言は、成就したのです。

次の「上下《うえした》ひっくり返るぞ」もさりげない一言ですが、大きな意味を秘めています。

火水伝文では、宇宙の出産を説《と》いていますが、ヒトの出産では、頭を下にして生まれてきます。上を向いていると逆子といわれ、昔はお産婆さんが下を向くように、整体のような処置を施したようです。足から出ようとすれば、腕が引っかかる恐れがあるからでしょう。ですから、私たち人も、この度の出産では、頭を下にしなければ、無事生まれ落ちることはできません。

ところが、今は、上を向いている人ばかり。上昇志向が悪いとまではいいませんが、謙虚さを失ったら、アウトです。これは神示でも何度も述べられています。社会的に成功しなくてもいいのです。生まれる際、決めてきた人生の課題をクリアできれば、身魂は、大きく輝いてきます。それで十分なはずです。

また。今の社会は、権力者が頂点にいて、そうでない者を支配する構造になっています。まるでピラミッドのような形です。

神示の「上下《うえした》ひっくり返る」とは、この構造が反転するということでもあります。力がある者が力のない者を支える。そのような社会です。逆三角形の形です。

国常立大神様は、一番下にいて、人を支えるとおっしゃっています。逆さの三角形の一番下のとがった一点に、国常立大神様がいてくださるのです。三角形がふらつかないように、支えてくださるのです。

ですから、そのような国創り、地球（世界）にすることが、神様の経綸に組み込まれています。

第二章

神御経綸とは

国常立大神の復活

日月神示は、新しい世界を創造する神様の経綸の一環として下ろされたものです。ここで、もう一度、経綸の全体像をまとめ、日月神示の位置づけを示しておきましょう。

日月神示の第二十三巻海の巻・第十帖にこうあります。

「この方悪神、祟《たた》り神と人民に云はれてトコトン落とされてゐた神であるぞ。云はれるに云はれるだけの事もあるのぢゃ。此の方さへ改心いたしたのであるぞ、改心のおかげで此の度の御用の立役者となったのぢゃぞ、誰によらん改心致されよ。改心とはまつらふ事ぞ中行くことぞ判りたか。（後略）八月二十三日、一二⦿。」

また、署名は、「一二⦿」とあります。

第四巻天つ巻・第二十六帖にこうあります。

「天《あめ》の日津久《ひつぐ》の神と申しても一柱《ひとはしら》ではないのざぞ、臣民のお役所のやうなものと心得よ、一柱でもあるのざぞ。この方《ほう》はオホカムツミノ神とも現はれるのざぞ、時により所によりてはオホカムツミノ神として祀りて呉れよ、（後略）九月十一日、ひつ九⦿。」

神様のお名前は、役所のようなものとありますから、役職名と同じようなものと考えられます。たとえば、庶務課長のように、庶務の仕事をする人の長として、何年か務め、時が来れば代わりの人と交代する。

だから、複数人いるともいえるし、一人だとも考えられるわけです。市川團十郎などの歌舞伎役者の名跡のようなものと思えば、よりわかりやすいかもしれません。

そして、それだけでなく、庶務課長と秘書課長を兼務するなど、別のお名前で、別のお働きをなさる神として現れることもある。そういうことではないでしょうか。

また、一方で、「神の名は二つある」と何度か、神示に出てきます。これはどう解釈したらいいのでしょうか。宇宙は、火の田と水の田が合わせ鏡のようになって構成されているといいました。霊界と現界と考えてもいいと思いますが、それぞれに同じ名前の神様がいらっしゃるということでしょう。カミと神です。

つまり、国常立大神と日津久神、一二三の神は、別の神ともいえ、同じともいえる。そう考えざるを得ません。確かなことは、私たちの次元が上がらないとわからないのかもしれません。

オホカムツミノ神も木花咲夜姫も記紀では、国津神として日本の土着の神のような存在として記されています。元の世界に戻るということは、神様も政権交代され、縄文の神が復活するということでしょう。

結局、すっきりしない結論になりましたが、とにかく、国常立大神の復活が、経綸の一つのキーポイントになっています。

実は、丑寅の地に鎮まわれていたのは、国常立大神の直霊《なおひ》だけでした。四魂は、丹後の大島、伊豆大島、奄美大島、吉備大島に分かれて隠れられていて、荒魂を除く三魂は、出口なを、出口王仁三郎によってお迎えされ、綾部の大本に鎮座なさっていました。

そして、吉備大島に鎮まわれていた荒魂を復活させたのは、岡本秀月でした。秀月は、1910年（明治43年）に京都府亀岡市に生まれ、二十歳の頃より、大本に入信し、奉仕活動を行っていました。

1935年（昭和10年）12月の第二次大本弾圧により、教団を離れることになった秀月は、吉備笠岡に向かい、やがて経綸神団「大元教《たいげん》」を興しました。そして、1958年（昭和33年）から1959年（昭和34年）にかけて、出口王仁三郎の「霊界物語」に述べられた「三神宝」を天授され、これにより、国常立大神の荒魂が発動することになったのです。

三神宝については、霊界物語では、こうあります。

「この三神宝は、いずれも世界の終末に際し世界改造のため大神の御使用になる珍《うず》の御宝である。しかししてこれを使用される御神業がすなわち一厘の秘密である」「ミロク出現の世に、三個の宝玉、世に出でて、光輝くその活動を三つの御魂の出現とも云ふのである」。

秀月は、その宝玉を実在の珠として受け取りました。まずは、１９５８年（昭和33年）7月、備中神島にて、月宮宝座の御神体となる珠を掘り出したのです。その珠は、第一の神宝で、潮満宝珠（金剛不壊如意宝珠）と呼ばれるものでした。

第二の神宝は、１９５９年（昭和34年）5月、広島県加茂町にある洞窟の中にある岩穴宮より取り出したもので、紫宝珠《むらさきほっしゅう》（真澄玉）と呼ばれているものです。

最後の神宝は、１９５９年（昭和34年）10月、備前熊山山頂の亀岩のそばのミツバツツジの根元より掘り出され、潮干宝珠（黄金宝珠）と名付けられています。

霊界物語には、「此の黄金の玉は高熊山の霊山に埋蔵されミロク出現の世を待たれたのである。其時の証《しるし》として三葉躑躅《みつばつつじ》を植えて置いた」と記され、その言葉通り出現したのです。また、備前熊山は、古代より聖なる山として崇められていた山なのです。

出口なを、出口王仁三郎によってお迎えされていた奇魂、幸魂、和魂の三魂は、第二次大本弾圧の際、丹波の元出雲神社に遷されていました。岡本秀月は、その三魂を笠岡にお迎えし、国常立大神の四魂は、ここに揃って鎮座されたのです。

これにより、国常立大神様は、完全復活がなされたのです。大元教には、「あな嬉し国の御祖の大神を　吉備に迎うる今日の嘉き日よ　はるばると丹波《たには》の里を出でまして、国祖の神霊吉備にいでます晴ろやけく心清し謹みて今日の御幸《みゆき》に仕う嬉しさ」との神示が下ろされました。

そして、1991年（平成3年）10月10日、国常立大神の直霊も大和山より大元教に遷され、一霊四魂の全霊が一つとなり大元教にて甦られました。

この日、「顕れませる国常立の大神は世の中の大革正をすすめますぞよ　大自然の力動具備し顕れませる国常立の大神なるぞよ地の上のすべてのものは甦りまこと一つの道にかへれよ」との神示が下されました。

また、岡本秀月は、世界神業で、大本の神宝を受け取ったことがありました。それは、笹目秀和（笹目恒雄）が、大本第二次弾圧直前に出口王仁三郎より託されて中国・崑崙山《こんろんさん》に埋めたものでした。

笹目秀和は、道院・紅卍会と縁を結び、崑崙山の仙人に出会って秘呪を伝授され、後に笹目仙人と呼ばれた仕織人（仕組みを担う人）の一人です。

モンゴル滞在中、笹目は、運悪くソ連軍につかまり、シベリアで強制労働をさせられました。九死に一生を得てシベリア抑留から解放され日本に戻ると、しばらくは、岡本天明の住む三重県の菰野《こもの》の至恩郷で静養していました。

また、晩年は、奥多摩の大岳山の山荘で隠遁生活を送っていました。当時皇太子であった浩宮殿下（今上天皇）が大岳山登山をされた折には、笹目は、山小屋の前で出迎え、皇太子としばらく談笑しています。もちろん、何を話されたのかの記録はありません。

笹目秀和が中国に運んだ神宝は、大本の月宮殿の型代でした。これにより、弾圧で神宝が失われずに済んだのです。

道院・紅卍会は、1921年に山東省に発足し、フーチによって下りた神霊のご宣託をもとに修養を積むという、宗教的活動を伴った慈善活動団体です。至聖先天老祖を最高神としてお祀りしています。

道院・紅卍会は、1923年（大正12年）にあらかじめ準備していた米・4000石と銀2万両を、南京日本領事館経由で、日本に送っています。それが東京湾に到着したのが、9月1日の朝でした。

そして、その日の昼、関東大震災が起こったのです。もちろん、これはすべてフーチによる指示で、地震の4か月前から、米を集めよという指示が出ていたのです。道院・紅卍会自身も、なぜこのような指示が出たのかは、そのときまでわかりませんでした。笹目秀和の秀和《しゅうわ》もフーチによって出された道名です。

道院を最初に神戸に創設したのは、出口王仁三郎で、大本弾圧後、さびれていた道院を日本船舶振興会会長（当時）の笹川良一の資金提供のもと、東京・銀座に復活させたのが、笹目秀和だったのです。その後、奥多摩に東京多摩道院を設立します。

銀座の東京総院は、後に、コスモメイトを設立した植松愛子氏（橘カオル）と半田晴久氏（深見青山）との出会いを演出しました。

笹目と500歳は超えるというシュロ仙人によって埋められた神宝は、神仙の山とされる崑崙山の御神気を宿して、日本へと返されます。

それを受け取ったのが、岡本秀月でした。1984年（昭和59年）、崑崙山に出向いた秀月は、突如仁王立ちになって両手を大きく広げました。手のひらに突然痛みを感じ、思わず手を握り締めると、もう一方の手のひらにも激痛が走ります。あまりの痛さに失神してしまい、その場に倒れ込みました。

同行の人が、秀月の両手の握りこぶしを開くと、空中より飛来した神霊石がありました。さらに、秀月が倒れてできた頭の形のくぼみの砂を掘ると、そこからも神玉が出てきました。

これは、もちろん、実物のもので、まさに奇跡でした。こうして大本の月宮殿の型代も吉備大元教へと移されたのです。

天明に神示が下る

岡本天明も、大本と深い縁を持ち、ここで修行を行っています。1897年（明治30年）12月4日、吉備の国、今の岡山県倉敷市玉島の豪農の次男として生を受け、金光中学に通うなど、金光教とつながる吉備の地場を受け取り成長していきます。

後に、出口日出麿となる高見元男も金光中学で、天明とは、同年同月生まれですから、天明と大本とは、強い縁を感じさせます。天明の大本との最初の縁は、大本が買収した「大正日日新聞」に天明が美術記者として入社したことでした。そして、ここでは、霊媒として、降霊実習に参加もしています。

もともと霊感が強かった天明ですが、霊媒としての能力はここで磨かれたといっていいでしょう。その後も「人類愛善新聞」の編集長を引き受けるなど、大本との関わりは続いていきます。

第二次大本弾圧のときには、出張で東京を離れており、また一人給料を受け取っていたことなどから、外部の人間と判断され、投獄を免れました。

しかし、職は失われ、大本信徒たちからはスパイとして疑われることになり、新聞業界からは大本関係者とみられて排斥を受けるなど、四面楚歌の状態でした。経済的に追い詰められた天明は、「どうせ死ぬなら好きな絵を描いて死にたい」と「桃太郎」の絵を描き続けました。実は、これが故郷である吉備の「桃の仕組み」の息吹を受けることになり、立ち直ることができたのです。

「桃の仕組み」を興したのは、後に、日月神示の解読にも携わる高田集蔵でした。高田集蔵は、内村鑑三の直弟子で、キリスト教はもちろん、仏教、儒教、道教、神道、スウェーデンボルグの霊学、ブラバツキー夫人の神智学まで、数多くの宗教の教義を名前通り「集蔵」した、その道の大家です。

天明と同じ吉備国の、美作《みまさか》に生まれ、同じく、吉備の地場のもとに育ちました。交際範囲も広く、「無双原理」の桜沢如一や出口王仁三郎とも親交がありました。1941年（昭和16年）12月8日、日米開戦のその日、天明も嗜《たしな》んだ方歌（すめら歌）が口をついでほとばしり、最後に「今ぞ知れ　桃太郎こそ　日本の預言」との歌が出ると、「日本預言として見たる桃太郎」という著述をまとめ上げました。

この本が経綸上の型興しとなって、天明を蘇生させ、導いていくことになったのです。やがて天明は、千葉県印旛郡公津村台方にある麻賀田神社境内にある「天日津久神社」に導かれるように参拝し、「日月神示」の降下が始まるのです。それは1944年（昭和19

年）6月10日のことでした。

この経緯は、多くの書籍で語られていますので、ここでは繰り返しません。最初に降臨されたのは、「ひつくのか三《み》」でした。そのときの神示の最後にこの名の署名が下りてきたのです。

しかし、この神様がどのような神様なのか、天明にもよくわかりません。後の研究によれば、国常立大神ということですが、では、なぜひつくの神の名なのでしょうか、なぜ「国常立大神」と署名がなされなかったのでしょうか。

おそらく、まだ、国常立大神は、完全復活されていなかったからと推測できます。国常立大神の四魂が復活したのが、１９５９年（昭和34年）で、直霊との合流は、１９９１年（平成3年）10月10日のことです。

ですから、国常立大神は降臨できなかったのです。代わって下りられたのが「ひつくの神」。ひつくの神と国常立大神は、完全なる同一神ではありません。次元が異なるのです。神と大神とでは、次元が違います。

国常立大神は、隠遁される前は、「国常立尊《くにとこたちのみこと》」でした。「尊」と「神」とも、もちろん次元に差があります。

日月神示にも「口と心と行ひと、三つ揃ふたまことを命《みこと》といふぞ」と一番初めの筆で下りています。もしかしたら、同じ「みこと」でも「尊」と「命」も異なるのかもしれません。

そして、隠遁されたことで、次元を上げることができたのでしょう。天明たちが行った神業は、神祀りです。神々様がお働きになる地場を整えたといってもいいでしょう。そのおかげで、多くの仕組みが生まれました。

この度の神経綸は、神々の政権交代と地球、人類、そして宇宙の次元アップです。経綸では、「建替え建直し」と呼ばれています。国常立尊も国常立大神、大国常立大神と次元を上げられました。

神示にも、

「建替《たてかへ》と申すのは、神界、幽界、顕界にある今までの事をきれいに塵一つ残らぬ様に洗濯することとざぞ。今度と云う今度は何処までもきれいにさっぱりと建替えするのざぞ。建直《たてなほ》しと申すのは、世の元の大神様の御心《み》のままにする事ぞ。御光《み》の世にすることぞ。てんし様の御稜威《みいつ》輝く御代《みよ》とする事ぞ。政治も経済も何もかもなくなるぞ。食べるものも一時は無くなって仕舞ふぞ。覚悟なされよ。」（第十巻水の巻・第十二帖）

とあります。

私たちの魂も一度大掃除を行って本来の輝きを取り戻し、次元を上げなければなりません。そうしないと、次元がアップした地球に住むことはできません。もちろん、魂の次元を上げるか上げないか、まだこの三次元世界に未練があり、もう少し楽しみたいという魂は、今の次元を保った別の星に移住することができます。

というのも、魂の洗濯は、大変な痛みを伴うからです。汚れていればいるほど痛みが強くなります。柔らかな布でガラス玉を磨くように、キュキュッと磨けばきれいになる魂もあるでしょう。

しかし、ダイヤモンドの原石を加工するようなハードな魂磨きが必要な人がほとんどではないでしょうか。ですから、少しずつ少しずつ磨く必要があります。日月神示にも繰り返し、「身魂を掃除してくれ、洗濯してくれ」と出てきます。

ところで、人生の成功と身魂磨きとは直接の関連はありません。いわゆる社会的な成功、つまり、名声を得る、出世し社長・会長に上り詰める、政治家になる、総理大臣になる、オリンピックで金メダルを獲得する、多くの財産を残すなど、私たちがうらやむような出世をすれば身魂が磨けるとは限らないのです。

身魂磨きにお金が必要なら、お金持ちになるだろうし、必要なければ、お金との縁は薄くなります。

むしろ、出世のために、欲望を丸出しにし、人を蹴落とすようなまねをし、陰で汚い工作をするなどという行いは、身魂を汚すことになります。

身魂を汚す一番の原因は、身欲と保身です。ですから、神様は、最初にこの二つを改めることを私たちに求めているのです。

具体的に、どのように掃除を行うかは、章を改めてご紹介させていただきます。

それはともかく、日月神示は、天明たちの神業を指示するだけでなく、経綸の方向性と私たち人がなすべき道も同時に示しています。

経綸を研究する人はともかく、一般の私たちは、「神示肚《ふではら》に入れておれば何《ど》んな事が出て来ても胴《どう》すわるから心配ないぞ」とあるように、まずは、繰り返し、神示を読み、肚に入れることを心がければ、それでよいのです。特別な神祀りをする必要はありません。

その後の経綸のゆくえ

日月神示降下当時、東京都千駄ヶ谷の鳩森《はとのもり》八幡神社の留守居役神主を務めていた天明は、1945年（昭和20年）5月1日に「江戸の仕組旧五月五日迄に終わりて呉れよ」の神示が出ると、5月4日水の巻第八帖以降1か月ほど神示が止まってしまいます。

すると、その間に、「天明ここより去れ」という神告を3日間にわたって受け取ることになりました。天明は、意を決して鳩森八幡神社を退職して、玉川学園に移りました。

その数日後の１９４５年（昭和20年）５月26日、鳩森八幡神社は、アメリカ軍の空襲を受け、本殿が消失しました。天明が去った後、お宮を守っていた本来の宮司の家族（矢島家）３人は、全員が焼死する事態になったのです。

経綸上は、これも「建替え」の型出しの一つであり、「火の出の型」を矢島家の家族が命懸けで演じたことになりました。

すると、６月２日に、「富士は晴れたり日本晴れ、いよいよ岩戸開けるぞ。お山開きまこと結構。松の国松の御代《みよ》となるぞ。（後略）」と第九帖が降下したのです。

そして、旧五月五日の６月14日、江戸の仕組みが終わって、「いよいよあめの日津久の神様おんかかりなさるよ」と神示が下り（三《みづ》のひつ九か三／第十四帖）、６月17日より、第十一巻松の巻の降下が始まりました。

この神示からは、予告通り、「アメのひつ九のか三」との署名があります。

天之日津久の神様の第一声は、「富士は晴れたり世界晴れ。三千世界一度に晴れるのざぞ。世の元の一粒種の世となったぞ。松の御代《みよ》となったぞ。世界ぢうに揺《ゆす》りて眼覚《さま》すぞ。三千の昔に返すぞ。煎《い》り豆花咲くぞ。上下《うへした》ひっくり返るぞ。水も洩さん仕組ぞ」との示しでした。

「松の巻」からは、建直しの「日の出の型」を導く神示となりました。

ところで、「江戸の仕組み」とは、何のことでしょうか。直接的には、天明が鳩森八幡神社にいたときのことを言うのでしょう。天明は、千駄ヶ谷を去ると、江戸の外の玉川学園に越しました。

しかし、それだけではありません。東京では、別の仕組みも進行していたのです。

実は、経綸には大きく二つの流れがあります。神様の直接の御用をする仕組みと、もう一つは「種人創り」です。種人とは、神業を担う人や新しい世の指導者となる人のことをいいます。

「江戸の仕組み」とは、その種人創りを行うものでした。

出口王仁三郎は、その両方の役割を担っていて、ここから生まれた種人は数多くいます。

岡本天明も、もちろんその一人で、神様の直接の御用の役割を担い、日月神示を下ろして、経綸の方向性を示すとともに、神祀りを行って、地場を整えました。肉体を持たない神様に代わって御用を果たしたのです。大元教の岡本秀月や「錦之宮」を興した辻天水などもこちらのグループです。

一方、種人創りの御用を受け持った人たちもいます。高田集蔵は、1927年（昭和2年）に、四国高松の屋島古戦場近くの五剣山（八栗山）の麓、庵治《あじ》村へ導かれたことがありました。

　それが、吉備と四国の結び開きの御用となる「アヂの仕組み」と呼ばれる仕組みを興すことになりました。

　さらに、1933年（昭和8年）、東京から千葉県松戸市馬橋へ1年間居を移し、五剣山と千葉とを結ぶ型代を作ります。これにより、江戸川をはさむ対岸の東京・南葛飾郡金町に生まれた長谷義雄を、1939年（昭和14年）に、五剣山へ導くことになりました。

　長谷義雄は、兵役で中国に渡り、結核を患って戻り、当時、余命1か月の宣告を受けている状態でした。藁《わら》にもすがる思いで神仏を求めて五剣山に行き、そこにある小さな祠《ほこら》で座禅を行います。その後、山頂に登ると、「なんじ生きよ、なんじは神の使いなるぞ、なんじ神の道へ行け」との啓示を受け、奇跡的な蘇生を果たします。

　そして、1956年（昭和31年）、千葉県松戸市の馬橋にて「霊波之光」を立教したのです。長谷義雄は、種人創りの御用の人でした。

　また、これらのことが、千葉における経綸上のひな型となり、千葉での天明らの仕組みを神霊的に守護していくことになりました。

種人創りの御用を受け持った二人の岡田

一方、大本と直接の関わりを持ったのが、後に、「世界救世教」を興す、岡田茂吉でした。岡田茂吉は、江戸すなわち東京の東にあたる浅草の、そのまた東の白髭橋のたもとにあたる橋場町に生まれました。1882年（明治15年）12月23日の冬至の日のことです。「光は東方より」という古代ローマのことわざとされる謎の言葉を成就させた経綸神団の立ち上げの産声を上げた日といえるかもしれません。

天明と同じく、画家を志すものの目を患い断念、さらに肺結核を病んで菜食主義に目覚め、病を完治させます。

そして父の遺産で京橋に小間物屋をオープンさせ、商売も順調に発展していき、相原タカと結婚、生活も安定していました。

ところが、妻タカが産後の肥立ちが悪く、腸チフスに罹り亡くなってしまいます。メインバンクの倉庫銀行が1919年（大正8年）に破綻すると、小間物屋の経営も一気に傾き、精神的にダメージを受けた茂吉は、1920年（大正9年）6月に大本に入信します。

しかし、大本に修行に出した甥の彦一郎が綾部の和知川（由良川）で水死する事故で大本に不信を抱き、大本を去る決心をしたのです。

１９２３年（大正12年）の関東大震災は、大森に居を移して難を逃れていました。大本でいわれていた「東京はすすき野になる」という予言の実現が近いことを予感していたからです。

そして、再婚後、授かった第一子を亡くすと、再び信仰に目覚め、大本の信者として活動を再開しました。

昭和に元号が変わったある日、茂吉は神秘体験をします。経験したことがないような不思議な感覚が心に起こり、しゃべらずにはいられなくなって「紙と筆を用意しろ」との言葉が出たのです。

言葉通り用意して、それを書き留めると、便箋数百枚にもなりました。内容は、日本の創成期に関することや、過去から未来にわたる日本の命運などでした。皇室に関するものもあって、茂吉は、それを公表せず、「ハテナ神示」と呼んで隠し持っていました。理解不明なところも多かったからです。

この神示は、結局、記録そのものは、官憲の監視が厳しくなって、最後には焼却してしまいますが、戦後、内容の一部を公開しています。

茂吉は、その後も神がかりとなって、自分の中に、観音様の御本体である伊都能売《いずのめ》の神様の玉（魂）が入っていることを自覚し、観音様が自分の肉体を使って人類救済の大業をさせるということを悟ります。

そこで、1928年（昭和3年）2月4日の節分を期して、家業の第一線から退き、大本の宣教師として活動を始めました。1934年（昭和9年）、大本が昭和神聖会を立ち上げると、本格的に江戸の仕組みが進行します。

その仕組みの担い手は、岡田茂吉でした。昭和神聖会の準備には、岡本天明も参加していて、二人はここで顔を合わせていたに違いありません。

観音力を自覚している茂吉は、大本でも独自のおひねり（お守り）を渡し、扇をかざす治療を行って成果を上げていました。扇を使う手法は、出口日出麿が行っていたもので、茂吉は、日出麿から学んだものと思われます。

後に行う、手かざし式の技法（浄霊法）は、野口整体の創始者の野口晴哉《のぐちはるちか》から密かに指導を受けていたという説が有力です。

本来、おひねりは、その当時、3代教主直日だけに作ることが許されていたもので、王仁三郎でさえ作ることはありませんでした。

茂吉が自分でおひねりを作っていたことは、王仁三郎も知るところとなり、王仁三郎は、茂吉にこう伝えたといいます。

「信者がお守りを作ることはとんでもないことやが、岡田さんは、特別な人やから、あまり目立たんようにやってくれ。ここのコップに水があるとする。あんたがそれに向かって薬になれといえば、薬になるんやで」

この、出口王仁三郎による承認は、王仁三郎から茂吉への経綸継承の認証となり、岡田茂吉は、新たな経綸上の仕組みを担っていくことになりました。

しかし、おひねりを渡すなどの行為は、他の信者からの排斥を受ける要因となり、第二次大本弾圧の1年前の1934年（昭和9年）9月15日、茂吉は、教団に脱会届けを出しました。結果、弾圧に巻き込まれることはなかったのです。

その後、茂吉は、「大日本観音会」を立ち上げ、自然農法や浄霊、鎮魂、病気平癒に力を入れ、「すべての不幸のもとは病にあり」と訴えました。

ところが、宗教に対する統制が厳しくなり、会は解散、そして茂吉自身も2回にわたり、弾圧を受けました。

1944年（昭和19年）5月5日、茂吉は、東京を離れ、箱根で、終戦を迎えます。「日本観音教団」として、熱海にて活動を再開し、さらに「日本五六七《みろく》教」も設立させると、両者は、火と水の場を表す型となりました。また、この二つの土台となった大日本観音会は、土の働きといえるでしょう。

そして、1950年（昭和25年）2月4日の立春の日、日本観音教団と日本五六七教は合体し、世界救世に向かうという意味から、「世界救世教」が、誕生したのです。「火と水と土の合体」は、経綸における、大きな型の一つとなりました。

すると、4月3日、熱海は、未成年者のたばこの火の不始末から火事が起こり、折からの強風で大火となりましたが、世界救世教の仮本部だけは、焼けずに残ります。

これが、「火の出の仕組み」の型となり、次の「日の出の仕組み」を導くことになりました。

その後の世界救世教の歩みは、別書に譲るとして、種人創りの活動が始まったのです。

「日の出の仕組み」を導いた岡田光玉

1959年（昭和34年）2月27日午前5時、原因不明の高熱で人事不省に陥っていた岡《おか》田良一《だよしかず》は、突如甦り、天啓を下ろしました。

「天地一切、神の声なり。神理の充満なり。神大愛（大慈・大悲のマ十字をいう）より発する万象仕組みの律動なり。神の気吹きなり。万象息しある訳なり。神の道といい、経文、バイブルなどなど各々そのカケラを語らしめしのみ。おのもおのも万全と思わば、既にそれ、真如なり。慢心なり。我なり。『ガは大神かくし（神に雲をかけ濁らす）』、故に『ガ』という。『我と慢心』は神々もしくじりしなり。人間『大神を軽んじ大仏を蔑《ないがし》ろにす』の証なり。汝、その奥を語らしめられん。神理のみたま、汝の腹中に入る。汝その聞く所を語らん。天の時到れるなり。起《た》て、光玉《こうたま》と名のれ。手をかざせ。厳しき世となるべし。」

　これが第一声でした。岡田茂吉も腹に玉が入り、観音力が授かりました。岡田良一も光の玉（神理のみたま）が入ることで、光玉と名乗ることになりました。この神示は、大峰老仙の導きによるものとされています。

　大峰老仙は、大和の大峰山中で修験道の開祖・役《えん》の小角《おづぬ》に師事し修行したとされ、本名は義貞といい、敏達天皇の御落胤《ごらくいん》とも伝えられています。

　光玉の、その後も溢れるように出る神示は「御聖言《ごせいげん》」として、まとめられました。岡田光玉は、これまでの「体主霊従」の世を「霊主体従」の世界へ導く道へ誘う、東の魁《さきがけ》のメシアとしての役割を担いました。それが、種人創りともなったのです。

岡田光玉の経綸との関わり

　岡田良一は、１９０１年（明治34年）２月27日、東京の青山に生まれました。軍人だった父の遺言に従って１９２０年（大正9年）に職業軍人になります。

ところが、１９３８年（昭和13年）、馬術の御前試合中に落馬転倒し、このときの怪我が原因となって、派遣されたベトナムの地で胸椎カリエスに罹ってしまいます。そのため１９４１年（昭和16年）に戦地より送還され、医師よりあと3年の命との宣告を受けます。陸軍中佐としての活躍の場を失い、医学にも見放された良一は、今でいう精神世界に傾斜し、信仰の道を求めるようになりました。

しかし、同時に事業家として身を立てようと航空機製造会社などを興しますが、東京大空襲により、会社が全焼、借金だけが残りました。

すべてが灰になったことで、信仰の有り様を深く反省した良一は、初心に帰り、みかん箱に銀紙を張った手作りの仏壇で、神仏やご先祖様をお祀りし、ひたすらお詫びをすることから始めたのです。

このことにより、モノや金を中心とした体主霊従の物欲世界から、霊主体従の本来のあり方への意識転換が図られ、経綸上の御役を担うことになりました。

すると、3年のうちに腐ると宣告されていた骨が、新しく再生していることが検査でわかり、快方へと向かいました。

その後、生長の家、大本、千鳥会などに関係し、なかでもメシア教（後の世界救世教）

では、積極的に活動を行いました。後に「真光の業《わざ》」と呼ばれた手かざし式の浄霊法は、ここで学んだのです。

大本の鎮魂帰神法に由来するメシア教の浄霊法は、施行者の意識によっては帰神ではなく、低級霊による憑依状態になってしまうことがあるため、岡田茂吉は、門下に手かざしの安易な使用を強く禁止していました。

しかし、良一は、自身の修練と体得のために実践的に取り組んでいき、結局、岡田茂吉から破門されることになりました。

それでも、その取り組みは、後に生かされることになります。

多田建設に関わることで、経済的に自立することができた良一は、1959年（昭和34年）2月27日午前5時、突然、神の啓示を受けます。それが先に記した神示です。良一58歳のときでした。

1959年（昭和34年）8月28日、東京の神田須田町で、「L・H陽光子友之会」が岡田光玉によって創設されます。神田須田町は、「神のおかれたスの立つところ」として、神霊によって誘われた場所でした。

手かざしによる霊的な病治しは、次第に広がりを見せ、やがて世界真光文明教団として結実しました。

体主霊従から「霊主体従」へという、世のあり方と人の生き方を根本から見直す教義は、意識の覚醒、霊障（霊による障り）の解消を導く、まさに「天意の転換」を実証するものでした。「病・争・貧」から「健・和・富」への転換です。

1960年（昭和35年）3月5日、新たな神示が下りました。

「汝一切を生かせよ。神道、仏道、基教共々『狂い』あり。今世一度の震いも世狂いも元の一つここにあり。汝出来る限り正しやれよ。次の文明の神人造り残すほか経《みち》なきあり。戒心致させよ。苦労と思う勿れ」

光玉は、神様より直接、次世代を担う種人創りのお役を命じられたのです。しかし、光玉は、さらなる確信を得るために、審神《さにわ》を受けることにしました。

それが、同年六月、元千鳥会で「真の道」の会員の日活映画の製作者だった中田華風による天杖《フーチ》でした。世田谷成城の「キの宮」で行われました。

これにより、「崇盟五道《すうめいごどう》（仏・基・回・道・儒の五つの道を崇教の一つにまとめること）」と「与崇賀従道《よすかのみち》（ヨニマス大天津神の御はたらき）」の現界の代行の御役であると示されたのです。

ヨニマス神とは、あまり目にしたことがない神様のお名前ですが、「千鳥会」の機関誌「千鳥第七号・龍神物語」に説明があります。

なお、千鳥会とは、元神政龍神会の塩谷信男《しおやのぶお》医学博士と、物理霊媒（当時は霊媒ではなく物理霊媒と称した）の萩原真《はぎわらまこと》が立ち上げた神霊研究団体で、現在の宗教法人「真の道」の母体となったものです。もちろん、岡本天明とも関わりがありました。

それによると、ヨニマス神とは、「この度の大神業に際し、この現世に対して最も強く働きかけて来る神」とあります。これは、塩谷の妻・松枝（紫光姫）の自動書記によって示されたもので、大峰の山の仙人からのものということです。

岡田光玉の御役は、経綸上では、「ヨの御はたらき」を行う、「ヨの御役」と呼ばれています。ヨの御役とは、世界を主《す》の神に元帰りさせる働きであり、新たな世を導く御用といえます。

光玉には、大峰の山の仙人すなわち、大峰老仙のお導きがありました。大峰老仙は、千鳥会や真の道による降霊会の場でたびたび出現しています。

１９４８年（昭和23年）６月22日、東京都内で行われた降霊会では、次のような神示が下されています。少し長いですが、ご紹介しましょう。

「あがないじゃよ。犯した禍つ罪あがなわんことには神の国へ行かれんよ。神の国つくるには禊ぎ祓いせんと花咲かんよ。地のうえのすべてのものが長い間積み重ねて来た罪のむくいがくるんじゃよ。あがなうんじゃよ。犯した罪はあがなわぬといかんことになっとるよ。地の上に生まれて禍つ罪ごと犯しはじめて、天地のあがないはじまったんじゃよ。あったところが海に沈んだよ。なかったところが出てきたんじゃよ。罪のあがない、大きなあがない六つあったよ。あったあがない、罪汚れ重なって七つ目のあがない起こるんじゃ。あった所が無くなり無かった所が生まれるよ。（中略）東の海と西の海とが手をつなぐと大きな波が起こるよ（梶霊【梶光之神霊】註…両海面の水位の差が急激に一つになろうとして大きな津波が起こります）。同時に大きな火の玉が底から飛び出すんじゃよ。赤い蟻と白い蟻が咬み合うてヘトヘトヘトヘトになった時じゃよ。それが罪の花咲く春の終わりじゃよ。罪のあがないこれ変わらんぞ（梶霊註…罪の贖いというものは根本的なものでこれは変わらないと言うこと）。（以下略）」

このあと、「あがない」から「アカナヒ」への転換の説明があります。「アカナヒ」とは、「人の目にかからぬ埋もれ木に花咲かすこと」とありますが、あがないが終われば、アカナヒ、つまり、新しい世が生まれることを示唆しています。「あがない」から「アカナヒ」への転換は、岡田光玉の御用でもありました。

大峰老仙の伝えは、日月神示とも一致します。先に述べましたように、日月神示の冒頭に「日本はお土が上がる、外国はお土が下がる」とあります。これは、日月神示でいう大洗濯であり、あがないでもあります。

出口王仁三郎は、「大地の大変動によって、世界は六回泥海になっている。次の変動があれば、七回目である」の談話を残したことが伝えられています。日月神示にも第二十二巻青葉の巻・第十一帖にこうあります。

「世界一目に見へるとは世界一度に見へる心に鏡磨いて掃除せよと云ふ事ぢゃ、掃除結構ぞ。善と悪と取違ひ申してあろうがな、悪も善もないと申してあらうがな、和すが善ぞ、乱すが悪ざぞ、働くには乱すこともあるぞ、働かねば育てては行けんなり、気ゆるんだらすぐ後戻りとなるぞ、坂に車のたとへぞと申してあろがな、苦しむ時は苦しめよ、苦の花咲くぞ。世は七度《たび》の大変り、変る代かけて変らぬは、誠一つのこの花ぞ、木の花咲くは二《ふ》三《そう》の山、富士は神山神住む所、やがて世界の真中ぞ、八月三日、ひつ九の⊙。」

「世は七度の大変り」とあります。一致しているのです。大峰老仙の伝えには、「同時に大きな火の玉が底から飛び出す」ともあります。これは海底火山の噴火か、あるいは富士山の噴火なのか、とにかく、火山の噴火の描写のように思えます。

大地が沈むような天変地異が起こり、大津波もやってくる。火山も噴火する。生き残るのは難しそうです。もちろん、大きな火の玉を吐き出すのは、地球とは限りません。

そして、それが起こるのは、「赤い蟻と白い蟻が咬み合ってヘトヘトになったとき」。赤い蟻と白い蟻、以前でしたら、ソ連とアメリカという解釈もできましたが、今は、中国とアメリカが考えられます。

中国とアメリカは、今現在も覇権を争っているからです。今、中国は、巨大経済圏構想「一帯一路」を掲げ、世界通貨をドルから元《げん》への金融政策を展開。東シナ海や南シナ海へ進出して太平洋の支配権を中国とアメリカで二分するという、とんでもない欲望を持っているようにも伝えられています。

当然、日本にも大きな影響を及ぼし、尖閣諸島を我がものにしようと虎視眈々と狙っている状況です。

もちろん、アメリカと中国との貿易摩擦も激しくなり、新型コロナでは、両国とも最初の感染源がそれぞれの国であるように喧伝しています。

まだヘトヘトというほどではないと思いますが、対立が激化するのは間違いありません。もしかしたら、直接咬み合うということにもなるかもしれません。そうなれば、日本も無事では済まないでしょう。

いずれにしろ、大峠は、もう間近かであると、覚悟しておいたほうがいいでしょう。

千鳥会の審神者・塩谷信男は、１９０２年（明治35年）山形県上山町に生まれました。東京帝国大学医学部を卒業後、医師として身を立てますが、秘密結社「神政龍神会」を立ち上げた海軍将校の矢野祐太郎と出会い、神政復古運動に参加します。

しかし、矢野祐太郎が治安維持法違反により検挙されると、神政龍神会から離れ、萩原真と縁を持ち、「千鳥会」を発足させたのです。

萩原真は、本名を斎藤義暢《さいとうよしまさ》といい、１９１０年（明治43年）に、千葉県白浜に生まれました。青年期を満州で過ごし、道院・紅卍会や満州在住の霊的指導者・川上初枝（日高みほ子）の導きを受けて、霊能に目覚めます。

日本に帰国すると、心霊研究の会「菊花会」を主宰した心霊研究家の小田秀人や同じく、心霊研究の大家・浅野和三郎らの指導により、物理霊媒として能力を発揮します。

千鳥会からは、霊能開発により、多くの人がその能力を開花させました。後に「白光真宏会」を興す五井昌久もその一人でした。

矢野祐太郎は、１９１９年（大正６年）に出口王仁三郎と出会ったことで、大本に入信します。

しかし、大本の開祖・出口なをの三女・福島ひさとの出会いが方向を転換させます。祐太郎は、福島ひさが下ろした「日之出神諭」こそが出口なをのお筆先を継承するものとして位置づけたのです。

その後、大本の肝川支部とのつながりを持ちました。肝川は、兵庫県川辺郡猪名川町にある寒村で、当時は、村の多くの人たちが大本の信者でした。支部長の車末吉と小房の夫婦が取りまとめを行っていました。

肝川では、村の禁則地「雨の森」の龍神が車小房に憑依し、肝川龍神・金龍姫と名乗るなど、独自の神霊活動を行っていました。

1929年（昭和4年）から翌年にかけて、矢野祐太郎の妻・シンにも神霊的な神懸かりがありました。1930年（昭和5年）6月1日は、午年の午月の午日で、この日、矢野シンは、「天地和合」の神示を受け取ります。

その後、矢野夫妻は、東京に移り、1934年（昭和9年）、祐太郎は、神政龍神会を結成するのです。また、肝川には、天の御三体の大神様を祀る「天地和合神殿」を建立します。

神政龍神会も権力により弾圧を受け、矢野祐太郎は検挙され、1938年（昭和13年）8月22日、自らの働きの終焉を自覚して、獄中での毒殺死を受け入れました。

また、矢野シンは、不思議な縁で、岡本天明が留守神主をしていた鳩森八幡に足を踏み入れ、神示が下りたばかりの天明と再会します。

話を聞いた矢野シンが神示を見ると、漢数字ばかりの神示をすらすら読み下し、天明のみならず、シン自身も驚いたということです。天明の神示を「大神様の御真筆です」と、見抜いたのは、矢野シンでした。

そして、矢野シンが世話人となって、「天之日津久神奉賛会」「一二《ひつぎ》神示拝読会」が結成されたのです。

一方、岡田光玉は、経綸上のさきがけのメシアとしての役割を担い、「主《ス》座建立」「種人創り」を目的として本格的な活動に入り、海外にも積極的に布教活動を行いました。

それがフランスへの特別な奇路《くしろ》（霊線）を開くことになり、それを受け取ったのは、現在、鹿児島県在住のご婦人でした。今は、そのことには触れません。

また、岡田光玉の死後、「種人創り」のお役を引き継いだのが、当時、東京の荻窪に住んでいた植松愛子氏でした。

植松愛子氏は、弟子の半田晴久氏に深見青山の名を下ろし、自身は、橘カオルと名乗って神霊的な活動を始めます。その後、深見青山が中心なって結成されたのが、「コスモメイト」（現在はワールドメイト）です。

「コスモメイト」は、神人合一の学校を作れという、植松愛子氏が受けた啓示をもとに作られたものでした。植松愛子氏は、「神は身の内にあり」と天より教えられ、それは岡田光玉の真光の教義とも合致しています。

さらに、1992年（平成4年）、「経綸のワケ」を伝える「火水伝文《ひみつたえふみ》」が、当時、東京都杉並区に住んでいたデザイナー、我空徳生《がくうとくお》氏に下りています。

「日月は経綸の計画書じゃ。火水は経綸のワケじゃ」と伝える「火水伝文」は、日月神示と車の両輪のような働きをしました。

日月神示が経綸の内容を伝えるなら、火水伝文は、「では人はどう行動したらいいのか」を教えています。すなわち、神人合一の道を具体的に明かしているのです。その内容は、前著でも取り上げましたが、章を改めてご説明したいと思います。

一方、「主座建立」の御役を担ったのが、「カムナカムヒト共の道」で、この活動をもって、大国常立大神様の「岩戸開き」の仕組みは無事成就したのです。

ですから、「あがない」の大きな「災い」は、のろしを上げ、いつ天変地異が訪れても不思議ありません。もちろん、新型コロナウイルスの蔓延もその一つでしょう。

新型コロナウイルスは、人工ウイルスとの指摘もありますが、たとえ、人が作ったものでも、自然発生のものでも役割に変わりはありません。大神様は、「悪をも使う」のです。

さて、こまごまと個々の事例を列記しましたが、これが全体像ではありません。もっともっと多くの仕組みがあったのです。何人もの人がお役を担い、経綸を推し進めていきましたが、複雑に絡み合ってもいますので、よくご理解いただけないところもあったのではないかとは思います。

神様の御経綸は、岩戸開けの型出しが終わり、新たな段階に入っております。いよいよ「体主霊従」から「霊主体従心属」へと社会を創り変えなければなりません。

そのためには、何が必要なのか、もう一度日月神示を見ていきましょう。

第三章

日月神示は何を伝えたかったのか？

日月神示の言葉の解釈

それでは、もう一度、日月神示に戻って、上つ巻の第二帖以後の気になるところを見ていきましょう。すべて細かく検討すると、量が膨大になってしまいますから。

もともと、日月神示は、岡本天明および集いの人たちに宛てたものです。経綸に必要な神祀りを指示したり、仕組みの担い手としての心構えや生き方、今後の展望、そして、経綸そのものの計画を下ろしたものです。

ですから、「祀ってくれよ」というのは、天明たちへのメッセージですから、今の私たちがこれから神示通りの神祀りをしなければならないということではありません。ただ、経綸の計画に関しては、私たちに関係するものもあり、生き方については、私たちも参考にすべき事柄が随所に述べられています。

そこをくみ取っていければいいのではないかと思っています。一番大事なのは、「浴びる」ということです。何度でも読み、神示を肚に入れる。意味の解釈よりも波動を浴びるというのでしょうか、神様の「気」を受け取るというのか、体に浸み込ませることが大事だと、神示に何度も述べられています。

心の鏡とは

第一巻上つ巻・第二帖で心に留めておきたいのは、「◉（神）の国にも外国の臣が居り、外国にも神の子がゐる。岩戸が明けたら一度に分る」です。これは、日本や日本人だけが特別ではないということでしょう。神の御用をされる人たちは、世界に散らばっているということです。

同時に、カミ心がない人も、日本にはたくさんいるということだと思います。「岩戸が明けたら」という言葉もありますが、この「岩戸」については、もう一度検討したいと思います。

続く第三帖には、こうあります。「善言《よごと》は神、なにも上下《うへした》、下ひっくり返ってゐるから、分らんから神の心になれば何事も分るから、鏡を掃除して呉れよ」。

ここで取り上げたいのは、「鏡を掃除して呉れよ」という部分です。同じように、先に挙げた第二十二巻青葉の巻・第十一帖にも、「世界一目に見へるとは世界一度に見へる心に鏡磨いて掃除せよと云ふ事ぢゃ」と、「鏡」という言葉が出てきます。

この鏡とは何の鏡でしょうか。家にある鏡や神棚の神鏡だとも考えられますが、どうもピンときません。

私は、この鏡とは、人の胸にある霊的な鏡のことだと思っています。天皇家に伝わる三種の神器は、八尺瓊勾玉《やさかにのまがたま》、草薙剣《くさなぎのつるぎ》、八咫鏡《やたのかがみ》の三つです。実は、この三つは、人の持つ神器の象徴なのです。誰もが、この三つを持っています。

玉は、魂（四魂）のことで、これがなければ人として生きていけません。剣は、言霊《ことだま》のことです。言葉は、剣です。言葉一つで、相手を傷つけることもできるし、死に追いやることすら不可能ではありません。

また、言葉は、運命を切り開き、相手を守り、勇気を与え、希望を抱かせ、愛で包むこともできます。日月神示（第二巻下つ巻・第五帖）にも「わるき言葉は言ってはならんぞ。言葉はよき事のために神が与へてゐるのざから忘れん様にな」とあります。

言葉を言霊にするには、嘘をついてはいけません。嘘は、剣を錆《さ》びさせてしまいます。剣としての力を失わせます。

そして、最後の鏡は、目には見えませんが、胸にあり、相手の心を映し出すことができます。もちろん、自分の心も。「胸に手を当てて考える」「心が曇る」などは、胸に鏡が存在するから、できた言葉でしょう。

神示にあるように、胸の鏡を磨き、ピカピカにすれば、神様のお心も映し出すことができるのです。

新しい経済システムが出来上がる

第二巻下つ巻・第十三帖に一言こうあります。「金銀要らぬ世となるぞ」。たった一言ですが、この言葉は大きな意味を持っています。

考えてみれば、今の資本主義社会、共産主義社会とも行き詰まってきています。貨幣経済そのものが疲弊しているのです。さらに経済活動が環境に大きな影響を与えていることも問題でしょう。地球温暖化による異常気象、資源の枯渇、環境そのものの破壊。

最も大きいのは、世界中の資産が一部の人たちに集中し、大多数の人々が、多少なりとも経済的な悩みを抱えていることです。世界を広く見渡せば、満足に食べられない人が大勢います。もちろん、それが理由で自殺する人も少なくありません。

そもそも根本から間違っていたのです。資本主義も共産主義も物質優先主義です。経綸でいうところの、「体主霊従」の経済活動なのです。そのため、人々は、物欲にかられ、保身で身を固め、財産を守ることに汲々としています。「あの世」にお金が持ち込めないのにもかかわらずです。

「金銀要らぬ」とは、お金が必要ないということ。もともと地球は誰のものでもなかったのです。しいていえば、神様のものでした。ですから、土地を所有するというのも、おかしな話です。

天変地異が起これば、お金は、その輝きを失うでしょう。火水伝文を下ろした我空氏は、こんな提言をしています。それは、「与えるが先の経済原理」です。

簡単にいえば、「わらしべ長者」の原理でしょうか。相手が必要とするものを自分が持っているとすれば、まずそれを差し上げる。すると、相手は、お礼にと、今度は自分が所持していたものをお返しする。

物語は、その繰り返しでどんどんいいものが手に入り、最後には長者になるわけです。もちろん、フィクションだからうまくいったんだという意見もあるでしょう。しかし、誰もがそのような考えで経済を回していけば、少なくとも、路上生活者や餓死する人はいなくなるのではないでしょうか。

食べていけないのは自己責任とつっぱねる、力のある人間。何かうまくいかないことがあれば、真っ先に自分の保身と保全を考えて、人を切り捨てる社会。

与えるが先とは、「力がある者が力のない人を支える」ということでもあります。地球は、弱肉強食の世界ではありません。「共存共栄」の社会です。

人間世界だけ、それができていないから、一部の人たちに富が集中してしまうのです。今回の天意の転換では、すべてがひっくり返るでしょう。

ミタマがひっくり返るとは

第二十三巻海の巻・第十七帖には、次のことが述べられています。

「天地ひっくり返ると云うことは、ミタマがひっくり返ると云うことぞ。神示読みて聞かせよ、目も鼻も開けておられん事が、建替の真最中になると出て来るぞ、信仰の人と無信仰の人と、愈々立分けの時ぢゃぞ、マコト一つで生神に仕へ奉《まつ》れよ。八月二十三日、ひつ九⦿。」

天地ひっくり返るとは、天変地異を予感させますが、そのときは、目も鼻も開けていられない状態になると読み取れます。火山の大噴火が起こるのかもしれません。それはさておき、気になるのは、「天地ひっくり返ると云うことは、ミタマがひっくり返ると云うことぞ」の一文です。

ミタマがひっくり返るというのは、どういうことでしょうか。これも何気ない一言ですが、私は、これこそが「神人合一」のことだと思っています。

ミタマとは、一霊四魂のことだと述べました。一霊とは、直霊《なおひ》のことです。大本の主《ス》の神すなわち、大元主大御神《おおもとすおおみかみ》の分け御霊《みたま》であり、四魂とは、個々の人が持つ、四つの魂、奇魂《くしみたま》、荒魂《あらみたま》、幸魂《さちみたま》、和魂《にぎみたま》のことでした。

第四巻天つ巻・第十二帖にも、「臣民には神と同じ分霊《わけみたま》さづけてあるのざから、みがけば神になるのぞ」とあります。

魂の構造を三次元的に捉えると、幸魂と和魂が直霊を囲み、それを荒魂が覆い、さらに、奇魂が保護するように全体を覆っている形をしています。ちょうど、双子葉植物の種のようです。奇魂が種皮、荒魂が胚乳、幸魂と和魂が胚です。

我空氏によれば、「ぬの種」と呼ぶそうです（前著にて、詳しく解説いたしました）。

ということは、人はもともと神様の一厘を宿していることになりますから、「神人合一」しているということになるでしょう。

岡田光玉が下ろした「天地一切神の声」の最後の部分にこうあります。

「神より見たるとき、そは汝等が汝を愛し、汝を嵩《たか》めん心にして、自主自利愛の心に属するなり。汝等はさらに思え。主《ス》の神、天地初発の当時より何故に人を創り、神は何を成就せんとして神策《かむはか》りせしやを。即汝等に願いあり、祈りある如く、神にも願い祈りあるを知れ。初めて此の世、汝に示せし幾億万年に亘る神の地上一大経綸あることこれなり。サトル（差取る）事こそ神の子としての本願たらざるべからず。汝等は之を成就せしめん神への愛心に生きたる時、汝等は初めて真《まこと》の神の子となるなり。あらゆる地に神の栄光を受け、歓喜の生活に這入り、天国十字文明地上に現わるるの基《もとい》となればなり。神のみ意《こころ》を地に成就せしむるまこと神の子とならん。かくて神人合一は成就せらるるなり。汝等の頭上に初めて永遠《とわ》の生命《いのち》と神の栄光は宿らん。」

人に願いがあるように神にも願いがあると述べられています。ではどのような願いなのでしょうか、神様の願いとは。それは、人に、神の御心を地に成就させるまことの神の子になってほしい、つまり、「神人合一」してほしいとおっしゃっているのだと思います。

また、日月神示の第二十二巻青葉の巻・第三帖には、こうあります。

「ひかり教の教旨書き知らすぞ、人民その時、所に通用する様にして説いて知らせよ。

教旨

天地《テンチ》不二、神人合一。天《アメ》は地《ツチ》なり、地《ツチ》は天《アメ》なり、不二《フジ》なり、神は人なり、人は神なり、一体なり、神人《カミヒト》なり、神、幽、現、を通じ過、現、未を一貫して神と人との大和合、霊界と現界との大和合をなし、現、幽、神、一体大和楽の光の国実現を以って教旨とせよ。（後略）五月十二日、ひつ九のか三。」

日月神示にも、同じように神人合一について述べられています。「神は人、人は神」であるが、まだ神人合一とは至っていない。それを目指してほしいようです。

つまり、神様の一厘を宿していても、本当の神人合一はしていない、だから神人合一を目指して頑張ってほしいということです。

なぜなら、直霊は、幸魂と和魂が閉じ込めている状態で、働きがなされていないからです。

ではどうしたらいいのかというと、地上に芽を出せばいいのです。幸魂と和魂を生長させ、荒魂を割り、さらに奇魂を破って大きくなり、地上に双葉を開かせる。そうすれば、おのずと直霊は、花開くのです。そのときが、本当の「神人合一」です。

そして、これが「ミタマがひっくり返る」ということです。奇魂は、英知を司《つかさど》り、科学も奇魂の働きです。体主霊従では、奇魂が頑張りすぎて、霊（幸魂と和魂）を蔑《ないがし》ろにしすぎているのです。ですから、芽を出すことができません。

科学を必要以上に信奉し、霊の存在を忘れた状態なのです。まずは、「ぬの種」に水を与えて（霊主体従となって）、奇魂を柔らかくしなければなりません。

その方法は、章を改めてご説明したいと思います。無信仰の人は、次元上昇した新しい地球に生まれ変わることはできません。日月神示には、そう述べられています。

では、なぜなのか？　私なりに考えてみました。

一言でいえば、魂の存在、輪廻転生を信じないと、本当の意味での「共存共栄」が理解できないからです。新しい地球は、人も含め、共存共栄の世界です。弱肉強食を良しとする人が行けないのは当然なのです。

人も動物も植物も、死んだら終わりと考えるから、弱肉強食という考え方が生まれました。死んだら終わると思うから、自分は、死なないように相手を倒すという理屈になるのです。悪い意味での競争原理が働いてしまうのです。

たとえば、鹿が狼に食べられてしまうとします。死んですべて終わるなら、確かに弱肉強食そのものでしょう。しかし、鹿にも狼にも魂があり、輪廻するものだとすれば、話は変わります。

鹿は、狼に食べられることで、狼を生かすことになります。これは鹿の魂にとって大きなポイントになります。仏教でいえば、功徳を施したことになるでしょう。もしかしたら、次の生では、それにより狼として生まれることができるかもしれません。

狼にも鹿を食べることでポイントが与えられます。なぜなら、鹿の生態系を維持するのに一役買うことになるからです。

今、日本は、狼が絶滅して鹿を食べる動物が人間だけになり、あちこちで増えすぎている現状があります。鹿の集団にとって増えすぎるのもよくありません。ですから、狼は、その調節弁でもあったのです。

人も同じです。人口が大きくなりすぎれば、資源や食料が枯渇してしまう。もしかしたら、コロナウイルスも自然災害も人口の調整弁なのかもしれません。

魂が永遠の生命を持っているなら、死ぬことは、単に肉体を脱ぐだけともいえます。もちろん、地上に生きている時間は、人にとってとても大切なときで、一刻もおろそかにできません。

人は、金持ちの人生を演じたり、貧乏を経験したりして、魂を成長させているのです。ですから、いいことをしたら来世で楽な人生を送れるとか、その反対だとか、そのような単純なカルマ論でくくることはできません。他の生命を含め、お互いが成長できるよう、共存共栄の社会を創っているのが地球なのです。

この原理を理解するには、魂の存在を認めることが不可欠といえるのです。

マコトとは何か

第二十三巻海の巻・第十四帖にこうあります。

「何も分らん枝葉の神に使はれてゐると気の毒出来るぞ、早う其の神と共に此処《ここ》へ参りてマコトの言《コト》を聞いて誠に早う立ち返りて下されよ、〇九十《マコト》とは〇一二三四五六七八九十であるぞ、一二三四五六七八かくれてゐるのざぞ。（中略）今は神を見下げて人民が上になってゐるが、さうなってから神に助けてくれと申しても、時が過ぎてゐるから時の神様がお許しなさらんぞ、マコトになってゐれば何事もすらりすらりぞ。八月二十三日、一二⦿。」

まず、「〇九十《マコト》とは〇一二三四五六七八九十であるぞ、一二三四五六七八かくれてゐるのざぞ」とあります。これはどういう意味でしょうか。我空氏はこんなことをおっしゃっています。

⦿九十は、元津神そのものを表していると。⦿九十をヒト型と考えると、⦿が頭になります。間にある一二三四五六七八は、元津神の子宮の中にあると説明しています。つまり、一二三四五六七八は、子宮の中に隠されていたのです。そして、その子宮とは、宇宙空間そのものなのです。

宇宙とは、元津神のおなかの中に存在しているのです。そして九は、産道です。十は元津神の次元の世界。産道を閉じていたのが、「岩戸」です。その岩戸は、仕組みを担った人たちが型を出されたことで開かれました。

今は、九のところに私たちはいます。私たちは、子宮から出て、新たな次元に生まれ変わらなければなりません。それが宇宙の出産です。

日月神示は新型コロナウイルスの出現を予言していた

今なお猛威を振るう新型コロナウイルス。おそらくこの本が店頭に並ぶそのときも、終息していることはないと思います。

このウイルスがどのようなものか、まだはっきりとはわかっていません。実は、日月神示には、こんなことも記されていたのです。それは、第五巻地つ巻・第十六帖です。

「(前略) 今に病神《やまひがみ》の仕組にかかりてゐる臣民苦しむ時近づいたぞ、病はやるぞ、この病は見当とれん病ぞ、病になりてゐても、人も分らねばわれも分らん病ぞ、今に重くなりて来ると分りて来るが、その時では間に合はん、手おくれぞ。この方の神示《ふで》よく腹に入れて病追ひ出せよ、早うせねばフニャフニャ腰になりて四《よ》ツん這《ば》ひで這ひ廻らなならんことになると申してあらうがな、神の入れものわやにしてゐるぞ。九月二十三日、ひつ九のかミ。」

どうやら、コロナ騒動も仕組みの一環のようです。「病神《やまひがみ》の仕組」とあります。

「人も分らねばわれも分らん病ぞ、今に重くなりて来ると分りて来るが、その時では間に合はん、手おくれぞ」。この一文が新型コロナの特徴をよく表していると思いませんか？

インフルエンザと新型コロナの違いは、この点です。感染しているか、否かは、検査してみないとわからないのです。まったく症状がなくても感染していれば人にうつす可能性があるから、新型コロナは厄介なのです。

その特徴を神示はしっかりと示しています。神示を読んで（鏡を磨いて）病気を追い出せと述べられていますから、実行するといいでしょう。

五回行われた岩戸閉め

日月神示には、岩戸が開くと再三述べられています。岩戸が開くということは、その前に岩戸が閉じられたからに違いありません。では、いつ、岩戸が閉められたのでしょうか。

日月神示には、こうあります。

「岩戸は五回閉められてゐるのざぞ、那岐《なぎ》、那美《なみ》の尊《みこと》の時、天照大神《あまてらす》の時、神武天皇《じんむ》の時、仏来た時と大切なのは素戔嗚《すさなる》の神様に罪着せし時、その五度の岩戸閉めであるから此度《このたび》の岩戸開きはなかなかに大そうじざと申すのぞ」（第七巻日の出の巻・第一帖）

もちろん、閉じられたのにはワケがあり、それぞれ意味があるのだと思います。また、岩戸開けも当然五回なくてはなりません。

五度の岩戸閉め、一つずつ見ていきましょう。まずは、「那岐《なぎ》、那美《なみ》の尊《みこと》の時」です。

古事記には、そのあらましが記されています。ご存じの人も多いと思いますが、ごく簡単に紹介しておきます。

「イザナミノ尊は、神生みをして、最後にヒノカグツチノ神を生んだときに、陰部をやけどし、それがもとで亡くなってしまうのです。そこで、イザナギノ尊は、黄泉の国へイザナミノ尊を迎えに行きますが、二神は喧嘩別れし、イザナギノ尊が現世に戻るとき、現世と黄泉の国の境の黄泉比良坂を大岩で塞いでしまいます。」

この出来事のことを指すと思われます。

この話は単なる夫婦喧嘩のお話ではありません。とても大きな意味がありました。火水伝文に詳しい説明があります。長いので少しずつ紹介します。

まずは、もう一度、マコトについて考える必要があります。マコトが完全に理解できれば、それだけで、日月神示に出会った価値があるといえるでしょう。

マコトとは、元津神が行う「マ釣り」のことと考えられます。神々様をお祀りする「祀り」も、「マ釣り」がもとになっているのでしょう。「マ釣り」の第一は、「真釣り」です。

では、この真釣りとは何か、火水伝文にはこうあります。

「真釣りの初めは神ざ申すこと、ハラに入れて下されよ。神の初めは真釣りざ申しても善いぞ。神の基は火と水の、ふたつのハタラキ真十字に組み結ぶが基なり。

火のハタラキと水のハタラキの真釣りが、神のハタラキの基じゃ申して居るのぞ。こは万古不易の神法《おきて》なるを忘るなよ。神も含め汝等も、万象万物これあるにより、ありてあるを、ス直に知りて取られて下されよ。」（P.49～50）

この説明は長いので、ここで一度切ります。ここまではよろしいでしょうか。火のハタラキと水のハタラキを真十字に組み結ぶ、すなわち真釣ることが、真釣りであり、神のハタラキであると読み取れます。続きを見てみましょう。

「火と水の真十字に組み結んだ中心を【真中《まなか》】申すのぞ。こが万象万物を産み有無ところ、神、無限力徳の御座《みくら》であるぞ。汝の真中も同じ御座なるを知りて下されよ。スミキルお土のハタラキ現れて、元つの響きの産土の鳴り出るところじゃ。

善いか、火［｜］と水［—］が真十字に組み結びた素型《すかた》［＋］を火水《かみ》、カミと申すのぞ。お土《つち》申すは、火と水が真十字に組み結びた素型を、スクリと真すぐに立ちある様［｜］カにてご守護致す由、＋と－で［±］と型示しあるを知りて下されよ。これ解かるか、マコトの神真釣り申すは〔＋〕がスクリと真すぐに立ちてある［土］の有り様も伝えあるぞ。しかり聞きあれよ、こはこ度の事に関りて、肝腎要の要石の基にござるから、聞き流しおりてはマコトは取れんぞ。真中のマコトの御ハタラキをご守護致す由、お土を真中にお入れ致し、火土水《ひとみ》と成すがマコト真釣りた素型にてあるぞ。一二三《ひふみ》の事じゃ。マコトの事を申すのであるよ。」（P．50～51）

実は、火と水の組み結びの中心に土があり、そのお土のハタラキで十字がスクリと立つことができ、そしてそこから万象万物が生まれると読み取れます。さらに、私たち人にもお土はあり、そこから万物を生み出す力があると述べられています。

ですから、自分の人生は、まさに自分で作り出しており、幸せな出来事も不幸な事件もすべては、自分が産んでいるということになります。望まないのに、苦しみが訪れてしまうのは、十字が傾いているからに他なりません。

十字が傾くのは、真中を身欲が占拠しているからです。つまり、自身の鏡を磨き、心を磨けば、十字がスクリと立つということです。

一二三《ひふみ》という言葉は、日月神示にも繰り返し出現し、その意味を理解するのが難しかったかもしれません。日月神示は、ひふみ神示とも呼ばれ、一二三《ひふみ》の言葉に神示の内容すべてが凝縮していたと考えられます。

さて、次にいきましょう。

「マコトの神真釣り申すは［十］がスクリと真すぐに立ちてあらねば適わぬ申すこと解かりたか。今今の世はマコトの真釣りが傾き居る由のタテカエなれば、お土のハタラキが肝腎要の要石の基にござる、申すも解かるであろうがな。汝ご自身の事も、世の事も、この事も総ての総てが、火土水《ひとみ》のマコトに気付き来れば段々に、解かり参りて来る程に、汝の思いを出さずについいて参られよ。」（P．51）

火と水でカミですが、そこには、土が隠されていました。その土のハタラキが要であると述べられています。真中を忘れていては、マコトはわからないということでしょう。

「［足場］の［足場］の［足場］の【あ】なる火土水の事からおさらい致すぞ。【火・土・水】申すは正しく【口《く》・心《しん》・行《ぎょう》】の事にてもあるぞ。三真釣る基でもある申して居るのじゃ。」（P．51）

【口《く》・心《しん》・行《ぎょう》】も火土水のことであり、三真釣りの基とあります。日月神示の初めの第一帖の最後のほうに「口と心と行ひと、三つ揃ふたまことを命《みこと》といふぞ。神の国の臣民みな命《みこと》になる身魂《みたま》」とありましたが、この意味も同じことでしょう。三真釣りができた人が命《みこと》です。

さて、この続きもとても大切なことが記されていますが、長くなりますので、一度ここで終わりにして、次は、１２７ページに進みます。

「神成る身の汝等お一人お一人に、マコト真釣るを取らせるは、マコトにご苦労の多い、大き難儀なお仕組みが必要でありたのじゃ。中つ世の神々様も汝等も、元つ真釣りが解からぬ、片ハタラキのままにありて、元つ大事なところは、元つ仕組みで真釣られあるを知らぬままの、道楽のままにあるから、そのままにありては、マコト真釣るの【ご苦労】が取れぬ由、マコト、マコトの神真釣りに組み結ぶは、ご無理ご難題でござろうよ。ましてこの地にミロクを結ぶなど、適わぬ夢でござろうが。それ由、元つ神々様が難儀なお仕組みを創り、御自ら背負いて下されたのであるぞ。汝等のお子と同じでござるよ。自ら産まれた様な顔をなされて居られるが、産みのご苦労申す事が解からねば、半人前でござろうが。神も人も自ら真釣るが、天命なるを解かり知るのであるぞ。」（P．127〜128）

元つ神様の子宮内に生まれた中つ神々様も私たち人も、自らマコト真釣るのは、難しいことなので、私たちが真釣れるよう、元つ神様が、難儀な仕組みを創られたと読み取れます。

「自ら取らねば適わぬ真釣り由、情けと花の仕組みにて自ら取らせる舞台を創りたが、お仕組みを創るご苦労も、仕組みを成就致すご苦労も、こもあれも、大神様初め、元つ神々様方とナギ、ナミがマコト真釣りてお産みになられた、正神真神の直のご霊統にあらせられるご二柱と、揃いて支えるお仕組みでありたのぞ。」（P．128〜129）

その難儀な仕組みとは、「情けと花の仕組み」であり、その仕組みは、元つ神々様と、イザナギ、イザナミがマコト真釣ってお産みになった正神真神の直のご霊統の二柱の神様が揃って支える仕組みであると読めるでしょう。

「【ご苦労】が無かりせば、歓喜弥栄の神真釣りは取れぬによりて、この方が天をも含む地を創り始めるに呼応致して、初発にご苦労の種を蒔かれたのであるぞ。そは逆位正順、逆位逆順いずれ双方《逆十字》の魔釣り、過ちたる陰陽の響きでござりたのぞ。快欲《かいよく》のみを追い求める響きにありて、こを不調和申すのであるぞ。ご苦労の影も無い、快欲の極みにてあるぞ。天地創成の初発より、今今に鳴り鳴り響き、成り成る響きじゃ。快欲申すは身欲のことにてあるぞ。身欲の基は快欲じゃ申して居るのぞ。身欲は怖いぞ。身欲ひとつで天地滅ぶぞ。」（P．129）

「ご苦労」がなければ真釣りが取れないので、ご苦労の種が蒔かれたとあります。その種とは、逆位逆順の、逆十字の魔釣りのことで、この逆十字の魔釣りにいては別のところに説明がありますが、ここでは快欲すなわち身欲を求める響きで、不調和もたらすものと解釈できます。問題は、真釣りに必要な「ご苦労」とは何かです。続きを見てみましょう。

「《快欲》に《囚われる》か【囚われぬ】か、こが初発にして終末の【ご苦労】の基でござるよ。解かりて下されよ、この方が申す【ご苦労】いうは【囚われぬ】ご苦労を申して居るのぞ。元つ天地のご恩に、スミキリてマコトの感謝が出来て居れば、至善と取れて来るを、それ迄の有り方を【ご苦労】と申して居るのぞ。《快欲》に《囚われる》はマコトの感謝に気付けぬ由、更に真釣りを外す身欲に走るのじゃ。《囚われ》てからのご苦労は《ご苦業》じゃ申すこと今今に解かりて来るから、ハキリ、タテワケ区別致して置くのじゃぞ。善いな。」（P．129～130）

逆十字の魔釣りの仕組みを用意し、その仕組みにはまらないよう、快欲（身欲）に囚われずに感謝ができれば、自然に真釣りがわかる仕組みでしたが、私たちは、身欲に走り、まんまと魔釣りに導かれてしまったのです。

つまり、快欲に囚われない、身欲にはまらないことが「ご苦労」だと読み取れます。なぜそれが「ご苦労」かというと、身欲を捨てることは私たちにとって困難な、苦労することだからです。つい欲に走ってしまうのが人なのでしょう。

連日、国会で取り上げられている政治家や官僚たちの醜態も身欲と保身がもとです。権力欲、金銭欲、出世欲、まさに欲の塊かもしれません。国のリーダーたちからしてそうなのですから、いったい日本はどうなってしまうのでしょうか。もちろん、そういう私たちだって、欲は簡単には捨てられません。

そして、魔釣りに入ってしまってからの苦労は、苦労ではなく「ご苦業」だとあります。今私たちがコロナ禍など、生活に難儀し、苦労しているは、まさに「ご苦業」なのです。

さらに続きます。

「今今に申し伝えある事は、汝等の育ち来たる、元つ型も示しあるのでござるから、汝には関わりの無き神事の話なぞと思いておりては、取れるものも取れぬぞ。汝等の育ち方いうは、こ度の神経綸通り、そのものでござるのぞ。汝等も汝等のお子も、こ度の仕組みをなぞりて育ちあるぞ。早く、遅く仕組みに気付きある者も居れば、最後まで気付かぬ者も居るのぞ。気付きた者になりて下されよ。」（P．130）

そもそもこの話は、どうして最初の岩戸が締められたのかの説明でした。しかし、それは、当時の神々や人々のことだけでなく、まさに私たちのことでもあると述べています。

「《快欲》申すものが、初発にして終末の【ご苦労】の基でござるから、こを真釣り取れた者は、既にして歓喜弥栄でござるのぞ。しかあれ、神も人もご苦労の無いミタマにござるから、【ご苦労】に向かうよりは《身欲》に走るは知りて居りたのじゃ。知りて居りたが、汝の御座なる、歓喜弥栄のマコト、マコトの神真釣りを、自ら取りてもらうには、外すは適わぬご苦労の種でござるから初発に蒔きて終末の、幕の降りるそれまでに気付きて自ら真釣れる様、仕組みたのじゃ。生き死に幕間の度毎に、捨てては拾うを繰り返し、遂に末期となりたなり。」（P．130～131）

中津神様も人も、ご苦労に向かうよりも、身欲に走ることはわかっていたと、元津神様は、おっしゃいます。だけれども、いやだからこそ、マコトの神真釣りを自ら取れるよう、「快欲の仕組み」をしかけたと読み取れます。

「《快欲》の仕組みは、外すは適わぬ大事な仕組みでござるが、一旦《囚わ》るれば、快欲の響きより自ら放るるは、末代出来ん事にてござるのぞ。なれど汝等が快欲に囚われたままにありては、末は滅ぶしか無うなる由、快欲に囚われた汝の乱れを、二つの仕組みで真釣るミロクへ誘うため、大神様はこ度、地のへの王の王の王になられる、正神真神《せいしんまがみ》の直のご霊統にあらせられるご一柱《いっちゅう》を地のへのご守護に、もうお一人方のご一柱を天のご守護に構え置きなされ、囚われをほどき、真釣りに組み結ぶ尊き仕組みを守り成す、重き御役をお与えなされたのじゃ。

一つは汝等の囚われを壊し行く仕組みであるぞ。情けの仕組みであるぞ。タテカエ行く仕組みであるぞ。今一つはタテカエを、真釣りに結ぶ仕組みであるぞ。タテナオシの仕組みであるぞ。情けと花の両輪でござるよ。」（P．131〜132）

「快欲」に囚われたままでは、新たなミロクの世に生まれることはできないので、囚われをほどくための、二つの仕組みを用意したと読み取れます。一つは、タテカエを行う、「情けの仕組み」、もう一つは、タテナオシのための「花の仕組み」です。そのために、大神様は、地のへ（地上世界）と天の、それぞれのご守護に正神真神のご霊統の神様を配置なされたとあります。

地のへのご守護の神様は、王の王の王ということですから、もちろん「てんし様」でしょう。カムスサナルノオオカミ様のことです。

続きを見てみましょう。

「一つは情けに結ぶ『魔釣りの経綸』。今一つは花に結ぶ【真釣りの経綸】。元は一つに繋がり居れど、逆様のハタラキをなさる仕組みを、構えられたということであるぞ。その様に致さねば、汝等が滅ぶもうしたであろうがな。元つ仕組みに魔釣りの経綸があるは、悪には悪を持ちて当たらねば、ご苦労のない善のミタマでは適わぬ事でござろうが。しかあれ、元つ仕組みに悪は影さえ入りては居らぬのぞ。情けあるだけを知りて下されよ。取り違い致すでないぞ。神成る身の汝等が《快欲》の響きに《囚われて》悪を出さずば必要無き仕組みにてあるは道理でござろうが。囚われ出くれば、悪現れい出来て情けに結び、タテカエにて壊し知らせるが『魔釣りの経綸』の裏の基でござるのぞ。少しは解かりて下されたか。」（P．132〜133）

私たちが、囚われて悪を出せば、末は滅んでしまうので、「情けの仕組み」が発動して、タテカエにて教えてくれるとあります。タテカエにて教えるとは、私たちに苦しみの出来事が訪れるということのようです。

「しかあれ、『魔釣りの経綸』申すはそのままにありては、【真釣りの経綸】の全くの逆ザマのハタラキにござるから、共にあるは適わぬ事にござりたのじゃ。そうであるが由のご苦労でありたのぞ。この構えをお創りに成るには、魔釣る響きをお産みに成るには、艱難辛苦の裏舞台がござりたのじゃ。そは辛苦の極みを持ちて、死を持ちてこれに応えられたからであるぞ。元つ大神様のご妻神《さいしん》、神サラレルを持ちて、汝等皆々に情けの仕組みを残し置かれたのじゃ。汝等を思う至誠至愛ある由の、イノチを賭しての尊き響きにあらせられるのぞ。解かりたか。

ご妻神の死申すは、元つマコトの神真釣りを閉めた申す事でもあるぞ。こが大事な一度目の岩戸《いわと》閉めじゃ申すこと、知りて忘れて下さるなよ。」（P．133）

いよいよ一回目の岩戸閉めの説明が出てきました。なぜ岩戸閉めが行われなければならなかったのか。それを説明するには、それまでの経緯を理解する必要があったのです。「魔釣りの経綸」と「真釣りの経綸」の二つは、ハタラキが反対なので、同時に進めることはできない、私たち人に「快欲」が生まれてしまった以上、「魔釣りの経綸」を発動させざるを得なくなり、そのためには、岩戸を閉めて、「元つマコトの神真釣り」を封印する必要があったと読み取れます。

火水伝文には、岩戸閉めが行われた根本理由が記されていました。まさに「経綸のワケ」を伝えるフミなのです。

改めて申しますと、まさにこれが初発の岩戸閉めの意味なのです。そのために、元つ大神様のご妻神が自らの死と引き換えに、「情けの仕組み」を残されたと考えられます。記紀では、それがイザナミノ尊の死として描かれています。

イザナギ・イザナミの二神は、国産みを終えると、さらに神々を産み続けます。そして、ヒノカグツチノ神を産んだとき、陰部が焼け、それがもとでお亡くなりになったと古事記に記されています。それは、先にご紹介した通りです。

そして、死の代償としてお産みになられたヒノカグツチノ神こそが、「知恵の神」でした。この神は、人類が、今日の科学文明を築くためには、どうしても必要な神様だったからです。

「汝等の知り居る古紀申すは、裏で『魔釣りの経綸』を操る者共に、都合の良き様に改ざんされあるを知りて下されよ。このヒノモトは万世一系じゃ等と申して、安心致し居るマコトの解からぬ者は、よくよく気を付けなされよ。そは、人皇《じんのう》の世の事にてあろうが。ヒノモトのマコトの真釣り申すは、そんなことではござらぬぞ。ヒノモト申すは神幽現、三千世界を統べ真釣る、尊き御座の座すところ、ミロクを現ずる真中なり。この度ミロクを現ずるに、逆さと成りてる神界を、先ずにタテカエナオしたは、神鳴《な》る響きが現成《げん》るに、真釣る正しき順序にて、成さねば現の過ちが、直らぬ道理であるからぞ。神が逆さに過ち居りて、いかで汝等現界が、正しき姿申すのぞ。神が逆さでありたなら、人皇含め汝等も、真釣るが逆さは道理でござろう。過ちに気付きてス直に直せば、それて良いのじゃが。いつまでも古き教えのお仕組みに、囚われ居りては末代の恥となりぬるぞ。悪き世にありては、それなりのお仕組みが必要でありたなれど、悪き世は既に滅びて居るのじゃぞ。真釣りは霊統に依り魔釣りは血統に依るのじゃ。霊《ヒ》を立てて身《ミ》が控え和さねば真釣れぬぞ。ハキリ、タテワケ致すが肝腎でござるぞ。」(P．134〜135)

長い引用でしたが、すべて記したのは、この一段落に大事なことがたくさん書かれているからです。

まず、古事記は、「魔釣りの経綸」を操る者に、都合よく改竄されているという部分。いったいどこがそうなのか、具体的な指摘はありませんが、日月神示にもあるように、それが岩戸閉めの原因にもなっていると考えられます。

考えられるのは、三度目の岩戸閉めの原因にもなったスサノオノ尊の乱暴な振る舞いの箇所。また神武天皇以下、天皇に関する記述などが大きな改竄箇所ではないでしょうか。

そして、一番の箇所は、その結果、アマテラスオオミカミが皇祖神として、最高神とされていることです。つまり、スサノオノ尊が失脚させられ、アマテラスオオミカミが直接ではないにしても、地を統《す》べる神として位置づけられた点です。

元津神である、国常立大神が復権されて、そこをまず改めたに違いありません。つまり、神界のタテナオシです。日月神示にもあるように、カムスサナルノ大神様が、てんし様となって、地のへ（現界）を統べるよう仕組みを変えられたのです。

そのことを記したのが、「快欲に囚われた汝の乱れを、二つの仕組みで真釣るミロクへ誘うため、大神様はこ度、地のへの王の王の王になられる、正神真神《せいしんまがみ》の直のご霊統にあらせられるご一柱《いっちゅう》を地のへのご守護に、もうお一人方のご一柱を天のご守護に構え置きなされ、囚われをほどき、真釣りに組み結ぶ尊き仕組みを守り成す、重き御役をお与えなされたのじゃ」という一文です。

そして、イザナギノ尊がご一柱で産んだアマテラスではなく、二柱でお産みになった正神真神のアマテラスオオミカミ様が、天の御守護につかれたと考えられます。日月神示にある「同じ名前の神が二つある」とは、まさに、このことで、同じ名前の神でも片ハタラキの中津神と、正神真神の元津神がいらっしゃるのです。

「ヒノモトに快欲の《逆十字、△》の響き鳴り渡りて後、裏で『魔釣りの経綸』を操るミタマ鳴り渡りて来たるは、二千数百年も前にてあるのぞ。そは自らのミタマの来歴を知らず、そのままにありては、天孫いうも許し難き大大罪なれど、自ら知れず天孫を自称し来たりたのじゃ。それありたが由、自ら人皇を名乗らねば、治まりつかぬ程のご苦労を致されて、四度目の岩戸閉めを成されたが、正神真神のご霊統にあらせられるカムヤマトイワレヒコノミコト、神武天皇なるぞ。」(P．135)

快欲の逆十字が△の形に象徴されているのは、力がある少数の者を、弱者である大衆が支えている形のピラミッド(△/階級社会)を表しているからです。

それはさておき、二千数百年前に、「魔釣りの経綸」を操るミタマが渡ってきたとありますが、「天孫」と名乗っている以上、この一団は、神武天皇の一族だと思われます。「渡りて来た」ということは、日本に渡来してきたということになりますが、ユーラシア大陸からの渡来民族なのでしょう。血統はユダヤ民族だと考えられます。

シリウスからのメッセージ(メシアメジャー)を取り次ぐ、村中愛氏の情報によれば、

「日本の天皇家とイエスは、同じ一族」ということですから、天皇渡来説を裏付けるものといえそうです。

また、日月神示に関しての第一人者の中矢伸一氏は、かつて、『神々が明かす日本古代史の秘密』（日本文芸社）という著書の中で、宇宙神霊・アーリオーンからの情報として、「アジア中央高原から、イザナギ・イザナミのグループは陸路で日本に向かい、スサノオの一族は、海路で日本を目指した」と紹介しています。

また、失われたユダヤの12部族の一つが日本にたどり着き、天皇家につながっているとの説もあります。

いずれにしろ、天皇家はユダヤの血筋で、血統を重んじ、それが今日まで続いているのでしょう。火水伝文によれば、「魔釣りの経綸」を操る一族ということになります。しかし、血統はそうでも、神武天皇ご自身の霊統は正神真神で、人皇となることで日本を治め、四度目の岩戸閉めを行ったと読み取れます。

「四度目の岩戸閉め以降、人皇の世となりて、段々に魔釣りの経綸と成りて行きたのじゃ。【・】にあらぬ《△》の陽の構えを陽にして、後を受けたる『☆』の千代に八千代の裏舞台。この方は総てを知り居る由、陰にてご守護致し神力出して、仏魔来たりて五度目の岩戸を閉めるに至る迄、魔釣る響きを和し真釣りて参りたなれど、その後は乱れに乱れた逆ザマの、見るも無惨な今ザマの、悪き末期の世となりたのじゃ。時節来る迄ジット堪え、我慢に我慢を重ねきて、時節到りてこの方が、天地を構えた今今は、マコト無くれば通らぬものと覚悟召されよ。」（P．135～136）

「【・】にあらぬ《△》の陽の構えを陽にして」というのは、火水伝文には、後で詳しい説明がなされていますが、要は、陰陽を取り違えて、「体主霊従」の世にしたということのようです。

五度目の岩戸閉めは「仏魔来たりて」行われたとあります。が、これ以上の詳しい説明はなく、具体的にはよくわかりません。

ただ、注意していただきたいのは、仏教そのものが「仏魔」ではないということです。仏教伝来とともに、仏魔も入り込んでしまったと、火水伝文を取り次いだ我空氏が話したことがありました。ただし、仏魔が何かについてはよくわかりません。

日月神示では、大切な岩戸閉めは、三度目の、「素戔嗚《すさなる》の神様に罪着せし時」とありましたが、これは、今、ご紹介したように、本来、スサナルノオオカミ様が統べるべき現界を、アマテラス様が代わって統べられたことで、今日の事態を招いたことを重視したものと思われます。

二度目の岩戸閉めは、記紀にありますように、アマテラス様が岩戸にお隠れになったことを指すと考えて間違いないでしょう。

「だました岩戸からはだました神が出て、ウソの世となったのじゃ、この道理判るであろう、ニセ神やら、だました神やら、次々に五度《たび》の岩戸締《し》めと申してあろが」（第二十三巻海の巻・第十一帖）とあるように、岩戸閉めはいずれも、「魔釣りの経綸」を導くものとなったと思われます。

「初発の岩戸閉めあるによりて、汝等が囚われ身欲に走りたその時に、魔釣りの経綸に入りて、情けを受くる仕組みの世となりたのじゃ。情けをもろうて初めて真釣りの何かに気付き向きたその時が、真釣る花の経綸の入り口と成りておりたのぞ。情けの仕組みの大き型示しいうが汝等の申す〈死〉でござる。花の仕組みの大き型示しが汝等の申す〈誕生〉でござりたのじゃ。これ解かるか、身欲生ぜねば、悪生ぜず。悪生ぜねば、メグリの輪廻転生は無かりたのであるぞ。【真釣り】取る【ご苦労】を致して居れば、いついつに在りても、嬉し楽しのミロクに入れたと申すも同じ事ぞ。汝等もともと大神の御子なれば、光輝そのものでありたなれど、真釣り外したが由、身欲の響き、悪の響き鳴り鳴る様成りてしもうたいうを知りて下されよ。」（P．136〜137）

輪廻転生がなぜ行われるようになったのか、その理由がここに記されています。すべては、人に身欲が生じたからでした。しかし、この輪廻転生も最終段階を迎えています。いずれ終わりになるでしょう。

知恵の神とは

岩戸閉めは、快欲に囚われた神々や私たち人が真釣れるように行われたのです。その結果、物質文明は発達しましたが、以後、真釣りがなんであるかさえもわからなくなってきています。

もちろん、そうなることは、元津神様は、百も承知。最後の最後には、そこを悟れるよう、予め手を打っていたようです。

「大神様は、汝等お一人お一人に、限り来る迄可能な限り、真釣る機会をお与えなさるそのために、《逆十字》の《快欲》が、初発にして終末の、苦労の種を汝等お一人お一人が、真釣りに気付くに必要なだけ蒔ける様、《我》と《力》の、強きハタラキを成す二柱の神を配されありて、必要なれば《快欲》に副い動きある様、仕組み置かれありたのであるぞ。《我》の強き神も《力》の強き神も仕組みの中にありて、成れればこ度マコトの神成る種にてあるから、自らは未だ《逆十字》の元つ仕組みは解かりて無いのぞ。」（Ｐ．１３８～１３９）

つまり、《我》の強き神と《力》の強き神を置いて、私たちが魔釣ったときには、「情けの苦」が来るようにして、私たちに真釣る機会を与えたと読み取れます。

「《逆十字》の《快欲》が《我》と《力》をその内に、取り込み共鳴り、鳴り鳴りて、大き不調和ご苦労の、構えと成りたが汝等の、神をも含む汝等の、始源にかかりた《囚われ》と知りて解かるが汝等の、真釣るマコトのフリダシに、戻す初発の終末の、ご苦労見据えスミキリて、感謝の響き鳴り成すが、真釣る基の要なり。汝等皆々、神成るミ成れば、越えねば鳴らぬご苦労とハラを括りて下されよ。」（Ｐ．１３９～１４０）

私たちに、苦が訪れたとき、それは真釣っていない証だから、それを教えていただいたことに感謝できれば、真釣ることができると読み取れます。私たちは、皆、神になるミであると元津神は述べられています。

「身欲に《囚われ》たるままにありては、汝等は、神をも含む汝等は、末は滅びに結ぶが解かりて居りたから、元つ大神のご妻神が、魔釣りの経綸を導くご一柱を自らのお命と引き換えに、構え下されたのであろうが。魔釣りの経綸を導くご一柱申すは『火の神』とも『知の火の神』とも『知恵の神』とも称さるる神にて、元つマコトの神真釣りにて真釣りにて真釣り産み成された、元は正神真神のご霊統にござるのぞ。なれどご自身のご誕生と引き換えに、元つマコトの神真る要の一厘を見失われたのでござるから、片親、片ハタラキにござりて、マコトの真釣りを知らぬが由、自らの知力によりて総てを成せある思いてござるのじゃ。それ由、竜には成れぬ『蛇の力』と呼び習わせしが、『知恵の神』の事にてござるよ。『分かつ知』の型示しとて二本の角《つの》持つ邪鬼申すもあるぞ。いずれ元つマコトの神真釣りと並びあるは適わぬ事由、首を切られ底底に封印されありたのじゃ。汝の底底に封印されありたと申すに同じぞ。過ちたる『蛇の火』のご霊統と元津真神の【竜の火】のご霊統、取り違え過つは危ういぞ。お気を付け下されよ。汝等このフミ読むにいついつにありても、汝が姿、宇宙コトワリの似姿なるをゆめお忘れ下さるなよ。コトワリの似姿いうはこ度経綸の似姿にてもあるのぞ。汝の内に総てが含まれあるのぞ。

神々の事など思いて、汝ご自身を外して居りてはこ度は越せぬとくどう申し置き居ろうが、このフミ総て汝ご自身の事を語りて居るのぞ。汝の真中が伝え居るのぞ。地の日月の神様方、マコト、マコトにしっかりして下されよ。」（P．140～141）

引用が、少し長くなりました。「元つ大神のご妻神が、魔釣りの経綸を導くご一柱を自らのお命と引き換えに」産んだ、「火の神」あるいは「知恵の神」とは、どのような神様でしょうか。これまでの話からすると、古事記に述べられている、イザナミノミコトが火傷を負う原因ともなった「カグツチノ神」がまず考えられます。カグツチノ神は「火の神」とされているからです。

しかし、カグツチノ神については、その後の情報がなく、この神がその後、どのようなお働きをされたのかがわかりません。

そして、この神は、「元は正神真神のご霊統で、ご自身のご誕生と引き換えに元つマコトの神真る要の一厘を見失われた」とあります。また、竜にはなれない「蛇の力」で、「『分かつ知』の型示しとて二本の角を持つ邪鬼」と呼ばれることもあるそうです。

さらに、「首を切られ、汝の底底に封印された」とも記されています。インドのヨガでは、クンダリーニと呼ばれるエネルギーが尾骶骨あたりにある第一チャクラのところに、とぐろを巻いた状態で眠っているとされます。

もしかしたら、火水伝文でいう、蛇の力は、このクンダリーニのことかもしれません。

そして、クンダリーニは、瞑想等で覚醒させることができ、覚醒すると、頭頂部にある第七チャクラに向かってエネルギーが突き抜け、覚者となるそうです。

知恵の神は、本当にカグツチノ神なのでしょうか。

そして、もう一つ大事なことは、私たちは、いずれ神となる存在であり、今も、大元の根源神とつながっているという事実です。

「このフミ総て汝ご自身の事を語りて居るのぞ。汝の真中が伝え居るのぞ」とありますから、実は、私たちの真中が火水伝文を伝えていると、神様はおっしゃっています。

つまり、私たちと元津神とは、真中でつながっているのです。なぜなら、元津神の一厘、すなわち、直霊《なおひ》を魂の中に宿しているからです。神人合一とは、この直霊と一つになること。

ここのところは、よく頭に入れておいて、もう少し先を見てみましょう。

「『蛇の力』を底底に封印せしは、その神力思凝《しこ》り固まりて《快欲》に囚われたる身欲悪、現れい出たれば『魔釣りの経綸』のハタラキ現れい出る様、仕組みありての事でござりたのじゃ。《逆十字》の陰陽はそれぞれにオロシア、インドの地に相呼応して思凝りたが始めにござるぞ。知恵なる『蛇の力』はユダの地に思凝りて、《逆十字》に副いハタラク《我善し》の神は中国北方に天降《あも》り来たりて《力善し》の神は北米に天降りたのぞ。それぞれ仕組み構えありての事でござる。【元つ真釣りの経綸】はこの方の構えるヒノモトが、元つ要の真中でござるよ。」（P．141～142）

「知恵なる『蛇の力』」とは、「知恵の神」を指すと思われます。知恵の神は、首を切られて、私たちの腹の底に封印されると同時に、「ユダの地に思凝り」たとあります。ユダの地とはどこでしょうか。

私は、ユダヤの地ではないかと思います。つまり、神がユダヤ人に与えると約束した、約束の地です。今のイスラエルのあたりです。

ユダヤ人は、知力に優れ、少数民族でありながら、一番多くのノーベル賞受賞者を輩出しています。まさに知恵の神の民族にふさわしいといえます。ユダヤ人とは、血統だけでなく、ユダヤ教を信じる人々を指すともいわれています。

つまり、ユダヤの神が知恵の神ということになります。つまり、絶対神・ヤハウェこそが、知恵の神ということでしょう。もちろん、この神様は、正神真神のご霊統で、ただ、訳あって、一厘を見失われたということです。

また、「《我善し》の神は中国北方に天降《あも》り来たりて《力善し》の神は北米に天降りた」とあります。なんとなく納得できるのではないでしょうか。


「ハラはハラ、アタマはアタマ、枝葉は枝葉にタテワケて、真釣るマコトの神真釣り、ミロクへ至る経綸に、お役目相応のご苦労を、自ら創りて参りたが、こ度に結ぶ裏裏の、神経綸でござりたのじゃ。しかあれ、こは総て許され配されありたを知りて下されよ。元つ仕組みに許され無きもの、何一つありはせんのじゃ。この事よく解かりて下されよ。汝等の『あやま知』に囚われたる思いにて、善悪それぞれタテワケあるは、マコトのタテワケにあらずして、危うき道に入りてしまうからよくよく注意致して置くぞ。神の目から見れば善悪はないのぞ。」（P．142〜143）

「神の目から見れば善悪はない」というのは、大事な一文です。日月神示にも、同じような内容が語られています。日月神示には、「悪を抱き参らせよ」という言葉もあり、これも同じような意味だと考えられます。

ですから、絶対神・ヤハウェが、「魔釣りの経綸」を導くとわかっても、驚くことではありません。単に、お役目を担わられたということですから。

もちろん、「真釣りの経綸」を担う、スメラの民も一厘を忘れています。伊勢神宮に祀られている神様は、天照大御神様ですが、この神様は、イザナギがご一柱でお産みになった神です。

片ハタラキの神と、火水伝文は告げています。つまり、一厘を失われているのです。当然、今の皇室の方々も同じです。天照大御神は、皇室の親神様なのですから。

しかし、真釣りの経綸を担わなければならない私たちは、このままではそのお役目を果たすことができません。失われた一厘を取り戻す必要があるのです。

そのための大きなお仕組みが、今回の仕組みでした。日月神示や火水伝文が下ろされた最大の理由が、これです。同時に、種人創りの仕組みも組まれ、私たちは、神人合一することで、もともとあった一厘を活性化させる必要があるのです。

そのために、まずは、国常立大神様ご自身が次元アップし、大神として復活され、地場を整える必要がありました。経綸に関わる人たちがそれをお手伝いしたのです。

私たちは、神にならなければならない存在です。

「真釣り魔釣りの経綸を、地の上へ構えるお仕組みは、正神真神の霊統を、元つキ流れを二筋に、スメラのミタマが背負う真釣り、ユダヤのミタマが背負う魔釣り、裏と表の経綸を最期に真釣るが仕組みなり。ユダヤが『囚われ』タテカエて、スメラが【真釣り】をタテナオス。奇しき力徳《りきとく》織り真釣る。タテヨコ正位タテワケて、ヒノモト真中が負い真釣る、スサナル仕組みの負うところ、見事、真中をスミキラせ、元つマコトの神真釣り、地のへに顕じタテ真釣る、鳴り鳴る響き鳴り成らす、万古末代散らぬ花、咲かすにスクリと現れて、ミロクへ結ぶ神響き。」（P．143）

真釣りと魔釣り、最後には両者を真釣らなければならないとあります。私たちがすることは、まずは、真中を澄み切らせることだと述べられています。つまりは、心の鏡を磨くこと。

ユダヤが魔釣りを背負うと書けば、ユダヤ陰謀論と捉える人もいるでしょう。しかし、それは、間違いです。これは、善悪の話ではなく、善悪を超えた次元の話だからです。

もともと、陰謀論自体も、「陰謀論」というレッテルを貼って、貶《おとし》めようとしていると私は思っています。科学では説明できない現象を「オカルト」と呼んで、下らないものと印象付けようとするのと同じです。

もちろん、陰謀論といわれる情報にもおかしなものは、たくさんありますが、世界を支配している陰の存在があることとは、間違いありません。

そして、その支配を根底からひっくり返そうとしているが、神の経綸で、そのお役を担っているのが、ユダヤのミタマの人たちというのが、神示から読み取れます。

ユダヤイコール悪ということではありません。お役を担うユダヤの人たちも正神真神のご霊統の方々なのです。

ここを取り違えれば、スサノオノミコトを追いやった神々と同じ過ちを犯すことになります。ここは、念を押しておきたいと思います。

また、「スサナル仕組み」の検討は、後ほど行いましょう。


「汝等、ユダヤ十二部族申すを知りて居るか。今世に至りて、失われた十部族の血統をのみ、探すが如き成さり様を致し居りては、マコトの事は解かりはせなぞ。そは知らず『あやま知』に囚われ居るからであるよ。ちいとは真釣りに気付いて下されよ。こは汝等スメラだけにあらずして、ユダヤのイシヤも囚われ居るのじゃ。オカシキ事にてござろうが。『あやま知』操る者共も、自ら囚われ居るを知りて無いのぞ。こに秘密がありたのじゃ。思いも出して下されよ。ユダヤに至る御霊統は、竜には成れぬ『蛇の力』と呼び習わしめた『知恵の神』がその源でござろうが。なぜに竜には成れぬと申すかは、ただただ、真釣る真中を知らぬからでござるよ。【元つマコトの神真釣り】を知らぬが由でござりたのじゃ。彼の者共も九分九厘まで知りて居れど、知りては居るが肝腎要の真中の一厘を、知りたくありても知れぬのじゃ。そは【真中の一厘】を見失うた御霊統にあるからでござるよ。彼の者共にとりては、越すに越されぬ真中の一厘じゃ。由に彼の者共は、彼の神の一力より他に何も無き思い込み、一厘あるをも知らず、そのままに総ての総てを知りて居る思いておるのじゃ。そこそ囚われ居る証でござろうが。ただの一厘申せども、こが無くれば何も無い、総てを顕し生かしある、彼等の神をも生かしある、総ての総ての基なる【元つマコトの神真釣り】を知りて無いのでござるから、こ度の仕組みのマコトも知らず、汝等と同じく、見失われた十部族の、人の流ればかりに、血統ばかりに惑わされて居りたのじゃ。」（P．143〜145）

「ユダヤ十二部族」とは、古代イスラエルの部族のことで、旧約聖書に説明があります。本書の読者なら、すでにご存じだと思われますが、簡単に説明しておきましょう。

紀元前13世紀頃、当時、エジプト人の奴隷だったユダヤの人たちが、モーセに率いられてエジプトを脱出し、シナイ半島を放浪します。そのとき、統率をとりやすくするため、12の部族にまとめられ、行動したことが始まりとされます。

12部族の名前は、時代等によって変わりますが、一応、記しておきますと、ルベン族、シメオン族、レビ族、ユダ族、ダン族、ナフタリ族、ガド族、アシェル族、イッサカル族、ゼブルン族、マナセ族、エフライム族、ベニヤミン族です（祭祀を司るレビ族は数に入れない）。

その後、ダビデ王の時代に、12部族は一つになり、イスラエル王国となります。さらに、10部族が集まった北王国とユダ族とベニヤミン族の南王国とに分裂し、北王国は、紀元前722年にアッシリアに滅ぼされ、10部族は一時、アッリアの捕囚となりますが、その後の行方がわからず、南王国から、「失われた10支族」と呼ばれるようになりました。

実は、今もその行方ははっきりしないため、現在のイスラエルも調査を行い、部族の一部は、日本に到達したとする説も生まれました。そして、そこから、「日ユ同祖論」を唱える人も存在します。

また、天皇家は、祭祀族であるレビ族がもとではないかという人も出ました。

ところが、伝文では、血統を探すことが事の本質ではないと、述べています。なぜでしょうか。天皇家との関わりがあれば、日本の歴史にも大きな影響を与えるはずです。

それは、「体主霊従」をもとにした考え方だからだと、私は思っています。

天皇家は、男系にこだわり、女性天皇は存在しても、女系天皇は、これまでただのお一人もいません。女系天皇とは、女性天皇が天皇家ではない男性と結婚して生まれたお子が天皇になった場合のことをいいます。

確かに、日本の家制度は、男性が中心となっており、結婚すると、女性は、男性の家系に入り、苗字も男性のものを名乗ります。そして、その女性が亡くなれば、当然、その家の墓に入ることになります。

もちろん、近年は、様々なケースが出てきて、結婚後も夫婦別姓であるべきという、考えの人も多くなりました。今、さかんにその議論が行われています。

そうなれば、御先祖様たちはあの世で混乱するかもしれませんが、社会は大きく変わっていくことになるでしょう。

それはさておき、男系中心の今の世の中では、女系天皇が誕生した場合、女系天皇の父親の家系が、新しい天皇家であると認識される恐れもあり、女系天皇の否定は、それを危惧してのことかもしれません。

女系天皇が誕生するなら、その前に夫婦別姓が法律でも認められることになるでしょう。夫婦別姓なら、女系天皇は、天皇家の血筋を堂々と主張できるからです。

そして、もう一つ遺伝子の問題もあります。男性が持つ性染色体であるY染色体は、男性からしか子孫に伝わりません。ですから、女系天皇では、代々伝えられた天皇家のY染色体を持たないことになります。

もしかすると、男系に拘《こだ》わるのはY染色体上にYAP遺伝子と呼ばれるものがあるからかもしれません。それは、特別な遺伝子のようです。しかし、YAP遺伝子は、もうすでに日本人の間に広く拡散しており、およそ4割の男性が持っているとされています。

いずれにしろ、そのことは、問題の本質ではないと、火水伝文は述べているのです。血統を重んじるのは、「体主霊従」の考え方だからです。大事なのは、魂の霊統です。父親が誰でも、魂が正神真神の霊統で、天皇にふさわしい、磨かれた魂の持ち主であれば、天皇になる資格は十分なのです。

これからは、「霊主体従」の世となるからです。ですから、愛子様が天皇になられても、何の問題もありません。そのお子の魂が、いや、大嘗祭で、天子様であるカムスサナルノオオカミ様の御霊統の魂を宿すことになれば、日本の天皇にふさわしいといえるでしょう。あるいは、現在の天皇家とは何の関わりのない方が天皇になられるのかもしれません。ミロクの世では、魂の磨かれ方が誰もが見てわかるようになるからです。最も光り輝く魂を持たれた方が天皇になる、それが一番ふさわしいのかもしれません。

話がそれました。伝文によれば、ユダヤの神は、一厘を見失ったゆえ、他に神が存在することがわからず、一神教になったと読み取ることができます。

「少しは解かりて参りたか。見失われた十部族のマコトの意味申すは、【元つマコトの神真釣り】に関わりてありた事なのじゃ。ユダヤ十二部族の型示《かたしめ》しあるは、正しくイザナギ、イザナミ御二神の分かれ型。初発の岩戸閉めの、大事な型を知らしめあるのぞ。開き盲ばかりでござるから、解からぬのは無理もござらぬが、こ度に関わる大事にてあるから申して置くぞ。ナミ、カミサラレなさるにありて、末のこ度に【元つマコトの神真釣り】復するを許ろいて、計りた仕組みをご守護なさる正神真神の御二神を、残し置かれた、いう事にてあるぞ。十《カミ》サラレマシテ二神を残されあそばされたのであるぞ。十《カミ》真釣り閉じ去られまして地のへに二民を残し置かれた、とも言えるのぞ。十《カミ》真釣りと引き換えに、二つ分かつ知を残し置かれた、とも言えるのじゃ。ご自身のオイノチと引き換えに、知恵の神をお産みになられた、申すことじゃよ。十《カミ》サラレル申すは【元つマコトの神真釣り】を末のこ度に復すため、ミロクをこの地に顕ずための大事な神経綸の型示しでありた言うことじゃ。これでお解かり下されたか。」（P．145～146）

失われた10部族の話は、そのこと自体に大きな意味があるのではなく、型を出したにすぎないということです。

つまり、10部族がいなくなったということは、元つマコトの神真釣りを閉じたということであり、残された2部族とは、スメラとユダヤのことでもあり、分かつ知を持つ、知恵の神を残してイザナミが去られたということでもあると読み取れます。

分かつ知とは、二元論のことでしょう。男女、陰陽、善悪、その他、なんでも二つに分類し、一方が他方よりいいものだとする考え方です。つまり、どちらが優れているのか、必ず争いを生むのが特徴です。

歴史もそのように動いてきました。天津神と国津神、縄文と弥生、源氏と平氏、南朝と北朝など、二つの勢力が競い合ってきたのです。

「元つ天の大神様は、地のへにスメラとユダヤの神策成就の経綸を背負うた二民を創り降ろされて、天地のご守護に、正神真神のご霊統にあらせられる二柱の大神を配し置かれたのじゃ。天上をご守護しなさるご一柱をアマテラスオオカミ様と称し奉る。地のへをご守護なさり、こ度、神響きにて地のへの王の王の王と現れなされミロクを顕じます、尊き御役のご一柱をカムスサナルノオオカミ様と称し奉る。

ナギご一柱でお産み成されたアマテラス様、スサノウ様とゆめお取り違え召さるなよ。ご二神で息合わせ、真釣りてお産みに成られた正神真神のご二神と、ご一柱でお産み成されたご二神では違うのが道理でござろうぞ。正神真神申すは、火水《かみ》構えマコト真釣りたハタラキをなさる方々のことにてござるのぞ。正神真神のご霊統より産まれし神々は別なれど、ナミ、カミサラレまして後、お産まれの中つ神々様方は、未だ自らマコト真釣り無き、神成る神にてあらせられる由、おハタラキは片ハタラキにて、こ度一二三《ヒフミ》に結び真釣りて真神と成りなさる方々じゃ。」（P．146～147）

古事記によれば、黄泉の国から逃げ出したイザナギノ命は、黄泉の国の境に岩戸をかけると、阿波岐原《あわきはら》で穢《けが》れを落とそうと、禊祓《みそぎはら》えを行います。そこで生まれたのが、天照大御神、月読命、タケハヤスサノヲノ命です。

伝文では、これらの神様は、片ハタラキの神であり、今回の次元上昇で、真神になられると読み取れます。さらに、同じお名前の正神真神の神様がおられ、天地の守護をされているとも述べられています。

日月神示の「だました岩戸からはだました神が出て、ウソの世となったのじゃ」という言葉は、まさにこのことを表しているのでしょう。

ユダヤもスメラも一厘を見失っていたのです。ですから、伝文で、神武天皇のことを「天孫いうも許し難き大大罪」と述べているのではないでしょうか。神武天皇は、渡来人であることは、「裏で『魔釣りの経綸』を操るミタマ鳴り渡りて来る」と述べられていることから明らかです。

もとは、ユダヤの血統のミタマでした。ですから、天皇家のルーツは、ユダヤ民族です。ただし、霊統は、正神真神のご霊統。大切なのは、霊統です。

しかし、ユダヤの血統である以上、天皇家のお役は、「魔釣りの経綸」を導くこととい えるでしょう。

ユダヤとスメラと聞けば、ユダヤがユダヤ民族、スメラは日本人と思われがちで、私も当初、そのように解釈していましたが、それは大きな取り違えでした。そんな単純な話ではなかったのです。

岩戸を閉めていたのは、イザナギノ尊と片ハタラキのアマテラス様とその子孫です。そして、「真釣りの経綸」を導き、新しいミロク世を創るのは、スメラの人たち、すなわち、カムスサナルノオオカミ様に連なる系統の人たちです。

つまり、パラドックスになっていたのです。日本の象徴である天皇家が、実は、「魔釣りの経綸」の担い手だなんて、普通は考えられないことですから。

もちろん、霊統は、正神真神と思われますが、一厘を見失われているので、そのようなお役となったのです。ですから、国民のためと思ってされたことが、日本のタテカエを導いてしまうのです。

ただし、何度も申し上げますが、魔釣りが悪で、真釣りが善というわけではありません。神の世界に善悪はないのです。魔釣りは、私たちヒトが真中を真釣りミロク世を生きるために必要だから、そのような経綸が仕組まれたのです。

パラドックスになっていたのは、善悪はないということを悟るためでしょう。真釣りが善、魔釣りが悪という考えでは、この度の経綸は、理解できません。

魂を成長させるための大きな仕組みが必要だったのです。そのおかげで科学も発達しました。物質文明ももちろん、悪ではなく、私たちにとって通過しなければならない文明でもあったのです。

そして、スメラの人たちは、今後は、一厘を取り戻さなければなりません。それが神人合一ということです。

ここを間違えると、日月神示の解釈も変わってしまうのです。天子様が今の天皇家であるはずがありません。

今、ヒカルランドさんが天皇家や裏天皇に関する多くの書籍を発行しています。これまで、タブーとされた情報が表に出てきています。それも岩戸が開いたからだと思いますが、天皇家が隠された「魔釣りの経綸」の担い手と考えると納得がいきます。

昭和天皇は、当初から太平洋戦争に反対され、その後、終戦へと導いたのは、事実と思われますが、結果的に、日本は2発の原爆を落とされ、戦争に負けました。図らずもタテカエの仕組みに加担してしまったといえるのです。

古事記は日本最古の歴史書と呼ばれています。しかし、神界や霊界などの出来事と思われる神話の部分があり、どこからが神界の話で、どこからが現実界の話なのか、区別が難しい部分があります。

出口王仁三郎の「霊界物語」は、もちろん、霊界での話ですが、それが現実界に転写され、霊界物語で述べられたことが、形を変えて現実に起こっています。霊界物語が予言の書といわれるゆえんです。

同じことが古事記でもいえます。古事記に登場する天界にお住まいの神様は、現実界にも同じようなお名前で登場しているのです。

ですから、天界と現実界との境がわからなくなってしまうのです。そして、天界で起こったことが、似たような形で現実界でも起こりました。

このことは、神示を読むにあたっても頭に入れておく必要があります。天界のことを伝えていても、現実界に転写されるからです。

スサナルの九御座《くみくら》とは

岡本天明は、神々を祀ることで、神々が現界でおハタラキができるよう、その地場を創りました。経綸を担うお役の人たちは、国常立大神様の復活と、岩戸開けを行いました。後は、私たち、スメラの民が、一厘を取り戻し、タテナオシの御用をする番です。そのための神人合一の道が、下ろされたのです。

スメラのミタマが、一厘を取り戻す仕組みは伝文で述べられています。それがスサナル仕組みの九御座《くみくら》です。

古事記では、スサノウまたはスサノオと表記されるスサナルノミコトですが、どうして、神示では、スサノオではなく、スサナルなのでしょうか。

それは、スサナルは「ス座成る」を意味するからだと考えられます。経綸では、宇宙の中心の神を「ス神」と呼びます。スとは、真中を表す言葉でもあります。

伝文を見てみましょう。

「天地を守護し給える正神真神のお二人方は、天地創成の初発より、こ度この地へミロクを現ずる元つ天の大神様のご経綸を直接に進み参らせる、艱難辛苦のご苦労の御役でござりたのじゃ。汝等にマコトの真釣りを取らすため、汝等が真釣りを外す度毎に、辛き心を鬼に致して真釣るマコトの岩戸を閉めて、気付かすために情け掛け、一成る花を願うたが、真釣り外すは数知れず、天のご守護を先に閉め、地のへのご守護もお閉めして、陰に参りてご守護を構え、掛けたる情けは数知れず、散る花ばかりが咲き行きて、今、今、今の悪き世に成りたを知りて下されよ。真釣り外すが岩戸締めじゃ申す事、よくよくハラに入れるが、お蔭受く取る礼節にてござるぞ。解かりたな。よくよくお詫び申し上げて、感謝の響き鳴り鳴り持ち行き、三真釣り持ち行きてマコトの響き少しでも鳴り成して下され。」

（P．148）

岩戸を閉じたのは、天界でのことでしたが、それが現界に反映され、私たち人が真釣りを外す度に岩戸が閉められたと読み取れます。

そのため、私たちは、霊界や天界のことがわからなくなり、三次元世界だけが現実界だと思い込むようになってしまいました。近年こそ、精神世界が見直されてきましたが、まだまだ一般社会では、科学で説明できないことは、オカルトと呼んで、なかったことにしています。

「今今の人民様も中つ世の神々様も、ご苦労の無いミタマなれば、身欲ばかりを追い掛けて、情けのマコトを逆恨みなさりて、益々真釣りを自ら外して、メグリばかりを創り成し、出て来たメグリはスサナルの、総ての罪科《とが》と責め着せて、地のへの岩戸も閉めらるる。仕組みの中へ居る者は、解からぬミタマであるが由、知らず冒すはあるなれど、もろうた情けを省みて、ちぃとは身欲の真姿《ますがた》に、気付き真釣りて下されば、今世のザマには成りはせんのじゃ。元つ仕組みに真釣り成す、総ての罪を負いおわす、カムスサナノオオカミ様の真姿に、お一人なりとお気付きあらば、今まで気付きなかりた事どもを、お詫び致してその守護に感謝の心を手向けておくれ。大神様喜ぶぞ。その言魂を幾星霜お待ち続けて参られたか。一人なりともマコトのことを、知りて下さるもうそれだけで歓喜弥栄の大神様にあらせられるのぞ。それ程のご辛抱のミチでござりたのじゃ。もったい無き程の至誠至愛の光輝溢れる神響《かむひび》きにて、こ度救世の御大神様にあらせられるぞ。

【ヒフミつるミヨイツりてイツムナるナナヤココノ座スベ（十）マツル（⊙）カミの真中はタテヨコナナメいつにありても五にござる三四五タテカエ岩戸開け五より一二三でタテナオス五六七結ぶカムシクミ】火《ひ》の三角《みすみ》。水《みず》の三角《みすみ》。組み成して、正位に真釣ろう陰陽を、真中を要に正方に九つ御座に顕じたり。スサナル仕組みの九御座《くみくら》じゃ。」（P．148〜150）

「こ度救世の御大神様にあらせられる」カムスサナノオオカミ様。その救世の仕組みが九《く》御座《みくら》です。しかし、意味を取るのはなかなか難しいようです。でも、大丈夫。ちゃんと説明がなされています。長くなりますが、追っていきましょう。

まずは、次の図をご覧ください。

（神）（幽）（顕）
七　八　九（アメツチの座）
四　五　六（ヒノモトの座）
一　二　三（ヒトの座）

「地のへにミロクを顕ずるは、神幽顕、三千世界をタテワケて、地のへ三つにヨコワケて、マ釣る仕組みの経綸に、情けと花を忍ばせて、九条の御座と構えたり。

一《ヒ》の御座より始まりて、九つ統べて十結《カミ》ぶ神経綸の流れから申せば、今今はカムスサナルの七の御座にかかりて居るのぞ。今世とミロク代の境目にてあるよ。なれど神ご経綸の九つの御座申すは、総てが総て初発よりありてあるのぞ。時の流れにそうて段々にお創りになられたのではござらぬぞ。初発からありてありたのじゃ。取り違え致すでないぞ。ざから初発より九条の御座に真中があるのでござるよ。時の流れにそうて御座が出くるのであれば、真中もその都度変わりてしもうではござらぬか。こは大事なこと由、くどう申すぞ。真中申すは初源より万古末代変わらぬ御座じゃ。いついつにありても五《いつ》の御座にござるを今今に、ハラに据え立てて下されよ。こ程申すは、神ご経綸をマコト真釣ろうて参るには、いついつにありても経綸真中をスミキリさせるが、肝心要の大事な事にてあるからじゃ。こ程大事な真中申すが、ヒノモトの事にてあるを知りて下されよ。ヒノモト真中を透き清め、四方八方アメツチを、なべて統べりて真釣る御座が、カムスサナルノオオカミ様の御座じゃ申して居るのぞ。解かりて下されよ。」(P.150~151)

図の顕の座に横並びに、三、六、九とあります。スサナルの九御座が完成すれば、顕の座、すなわち現実界に、三・六・九が揃い、これでミロク世となるわけです。日月神示にも、ミロク世という言葉が使われており、弥勒菩薩のミロクと思われた人もいるでしょう。

しかし、仏教でいう、弥勒菩薩がお釈迦様没後、56億7000万年後に、この世を救済するということからきているのではありません。

もちろん、そのように解釈することもできますが、ミロク世は、遠い未来の話ではないのです。

伝文には、今は、「七の御座にかかりて居るのぞ」とあります。おそらく、一の座から始まって、七の座まで進んだということでしょう。これが、今世とミロク世の境にあるということですから、アメツチの座は、ミロク世であり、もうミロク世に足を踏み入れたことになるのでしょう。

この伝文が下ろされたのは、1992年（平成4年）ですが、およそ30年たった今、どれだけ進んだのでしょうか。

岩戸は開きましたが、まだ、開いただけでタテカエは済んでおらず、これから大きな試練が来るものと思われます。もちろん、コロナ禍もその一つでしょう。いや、もしかすると、最後の五度目の岩戸はこれから開くのかもしれません。


「九条の御座の経綸申すは、真中より八方に御座を構え、九条の構えに結ぶが由なり。これ解かるか、真中の御座が八つの御座を統べマ釣る、構えに成りて居る申しておるのぞ。真中の御座に何様が座《ま》されるかによりて、マ釣りが違うて参るのぞ。【真釣りの経綸】、【魔釣りの経綸】いずれかに決まりてしもうのじゃ。こは恐ろしき事にてあるのぞ。真中の御座が、総てを統べマ釣る基なれば、真中にマコトが立ちあれば、総ての御座にマコトが開けるなれど、真中にウソが立ちあれば、総ての御座にウソが開けるのじゃ。こは解かるであろうがな。川上にウソを流せば、川下もウソに染まるが道理でござろうよ。こ度の事に関わりて申せば、ここに二千数百年ウソが座してござるのじゃ。八御座総てに蛇の頭が座して居るぞ、八頭のオロチじゃ。真中は三スクミ酷き様であるよ。善き九条の御座に致すも悪き九条の御座に致すも、ひとえに真中の有り様にかかりて居るを忘るなよ。」（P.151〜152）

日月神示にある「だました岩戸からはだました神が出て、ウソの世となったのじゃ」の言葉通りです。ヒノモトの真中には、「二千数百年ウソが座して」いたのです。天岩戸からは、片ハタラキのアマテラスオオカミが出て、今の世の基を創ったということでしょう。古事記では、八頭のオロチを倒したのは、スサノオノミコトでした。今度、真中にマコトを据えてヒノモトをタテナオスのは、カムスサナルノオオカミ様です。古事記ではこのことを暗示していたのでしょう。

「火鳴る位の神幽顕、三段タテワケ致し参りて、水成る位の、ヒトなる人民様。ヒノモトなるクニツチ。アメツチなる全世界。三並び、ヨコワケに配しありて、火鳴る位をタテ上に、水成る位をヨコ下に、タテヨコ構えて組み鳴りた、九条の御座が汝等も、神をも統べる経綸の、見えぬ仕組みの構えにござりたのじゃ。水の位のそれぞれで、神幽顕を一二三にて、真釣ろう型を示しある、ミロクを顕ずる構えなり。こが九御座すべてを統べ真釣る、真釣るマコトの型示し、歓喜弥栄の構え鳴る、神ご経綸の御座型《みくらかた》にござるのじゃ。」（P．152〜153）

図に示した通り、ヒトの座、ヒノモトの座もしくはクニツチの座、アメツチの座があり、それぞれに神幽顕が存在します。ヒトの座の場合、神幽顕は一二三で表され、三つマコトが揃ったヒトを一二三《ひふみ》というと、日月神示にも示された通りです。

「九御座の火鳴る位の神幽顕申すは、日月地の事にてもござりたのぞ。霊力体の事にてもござるぞ。火土水の事にてもあるぞ。一つの真釣りた響き申すは、総ての構えに真釣ろう響きじゃ、申し伝えし事。思い出されて下されよ。されば口心行の事にてもあるなれば、こは三真釣りの御座構えざ申すも解かりてくだされよ。」（P．153）

神幽顕、日月地、霊力体、火土水、口心行は、皆、同じ関係になっているということでしょう。

「どうじゃ、アタマが痛うなりてしもうたか。なれど、こは大事なご経綸の構えにて、汝等が気付きある度毎に、汝等の真中を正し行く、鳴り鳴る響きの座すところにてござるから、汝等には是非にもお伝え知らせねば、鳴らぬ事であるのじゃ。くどくど申すはこの方の思いに免じて下されよ。この方は何でもかんでも授けたいのざから、取れるものからどんどん取りて下されよ。この方は汝等の三真釣る響き、早う清らいで成り鳴り来るを、ジリジリ致して待ちて居るのぞ。」（P．153～154）

スメラの人たちは、早く三真釣り成して、タテナオシの準備に入らなければなりません。

「難しく考えねで善いのじゃ。汝等の申す三掛け三の掛け算思えばそれで善いぞ。真中を含めた九つの御座で大き正方を形創りてる思えば善いのじゃ。その真中の真中が五じゃ申すは、正方の左上から下に向うて神（一）、幽（二）、顕（三）こをヒトの座のヒフミ申して居るのぞ。上のまん中より下に向うて神（四）、幽（五）、顕（六）こをヒノモトの座のヒフミ申して居るのじゃ。こに真中の真中の五があるぞ。解かるな。最後は右上から下に向うて神（七）、幽（八）、顕（九）こをアメツチの座のヒフミ申して居るのじゃ。簡単でござろうが。幽の座がそれぞれの真中に成りて居るも見知りて下されよ。解からなくば書いてみやれよ。すぐ解かるぞ。」（P．154～155）

この説明は、図に示した通りだと思いますので、図を参照してください。

「一《ヒ》の御座申すは神の座にありて、汝ご自身の口の座の事にてあるぞ。汝ご自身と神の真《マ》言《コト》の真釣ろう御座にござるのじゃ。こが初めの始めざぞ。汝の真中の二《フ》の御座にウソが立ちて居れば、汝は虚言（ウソ）を持ちて神と魔釣ろうて居るのじゃぞ。魔釣ろう御役の神あるも解かり参りて居ろうがな。気を付け召されよ。今世まではマコトの解からぬ汝等と、マコトの解からぬ神々が、魔釣ろう御役の神々に、良いようにだまされて居りたからマコトがちいとも出なんだのであるぞ。なれど、この方が表の世に出張りた今は、許すは適わぬ事なれば、早う改心致されて、身欲を控え捨て去りて、清まる事が第一にござるぞ。」（P．155）

本来、人は、真中にマコトを持ち、同じくマコトを持つ神と真釣ろって、言葉を発する。

そうすれば、言葉は言霊となって、力すなわち、マコトのエネルギーとなって相手に伝わるということでしょう。

自分はさておいて、他人のことを批判するのも憚《はばか》られることではありますが、やはり、今の日本の指導者たちの有り様は、憂慮すべきものと思われます。真中に、身欲と保身を置いているために、国会でも平気で嘘をつく。これでは、マコトの国になるはずもありません。

まさに、伝文が述べた魔釣りの経綸へと国民を導いているのです。魔釣ろうお役の神に使われてしまっているのです。

しかし、それも大きな視点から見れば、タテカエへ導くお役が彼らにあるからなのでしょう。ですから、憂慮する必要もないのかもしれません。それでも、国民の一人ひとりがもっとマコトを持てていれば、タテカエも違った形になり、大きな苦しみを伴うことは、少なくなるのかもしれません。

何しろ、そのような政治家たちを世に送り出したのも国民なのです。それは、私たちの真中にも、身欲と保身があったからといえるでしょう。

政治家たちはさておき、スメラのお役の私たちは、早く、真中を掃除しなければなりません。

「二《フ》の御座申すは幽の座にありて、汝ご自身の心の座の事にてあるぞ。こが汝ご自身の真中の御座ぞ。九御座の真中の真中は五《イツ》にござるが、そは汝等の真中の真中の事にて、汝が真先に真釣ろう真中は二《フ》の御座なるをハキリ知りて下されよ。こが、こ度の大変に関わりて肝腎要の鍵なる御座じゃ。こが力のお宮なるは伝え知らせ居るな。火をスクリと立て持ちて、火水を真十字に組み結ぶお土の御ハタラク、大事な御座にござるのじゃ。こがスミキリあらねば汝が組み結び、汚れを負うたメグリが成り鳴り響き参るからじゃ。汝の口と行いが違うて参るは、こが曇りてあるからでござろうが。こが曇るは唯一つ、《身欲》を基と成しありて《我善し》力で我利我利に、生くる響きが巣くうて居るからじゃ。汝は《身欲》の中にありて、そに気付けず。メグル情けを《身欲》で避けむが証なり。幾再生転生の末期なるこ度はどうありてもスミキリあらねばならぬ御座ぞ。」（P．155～156）

ここでも、真中をスミキラす、大切さを説いています。真中に身欲がなければ、嘘を言う必要もなく、行いも自然に正しいものになってくるでしょう。

「我はあってはならずなくともならず」と、日月神示にもあるように、欲を抑えるのは大変なことです。保身の心が生まれてしまうのも、仕方がない面もあるでしょう。肉体を維持することも大事ですから。

本来、我は、火の求心力と水の遠心力という、二つの「力」を合わせたものです。左巻きの求心力と右巻きの遠心力で、渦のエネルギー体なのです。力+力で、ガです。真中が澄み切っていれば、モノを現象化させる力があります。それが我の本質です。

ですから、なければ困ります。もちろん、我がまったくなくなれば、「私」という意識もなくなってしまうことになります。

このため、何度転生しても、この課題をクリアできず、人はメグリを抱えて苦しんでいるのです。

しかし、輪廻転生していた時代は終わりを告げるとあります。この地球上では、今の「生」が最後となる人がほとんどでしょう。いったい、何人の人が新しい次元の地球に生まれてくることができるのか。その資格を得るラストチャンスが今なのです。

「三《ミ》の御座申すは顕の座にありて、汝ご自身の行の座にてあるぞ。こがこの地へマコトを顕す御座にござるのぞ。万象万物鳴り成らせる御座にござるよ。火のマコト、タテワケありて、お土がスミキリあれば、水の清きがそのままに、マコトに真釣ろうたカタチと鳴りて、顕れなさる御座にてあるのじゃ。こが真響き鳴るを一《ヒ》二《フ》三《ミ》申すのぞ。三《ミ》が真響き真釣ろい結ぶがミチにござるよ。三が道ぞ申したはこの事にてあるぞ。神々も汝等もこが真響きてござらぬ由片ハタラキじゃ申して居るのぞ。片ハタラキ申すは、自ら基のその内の陰陽の不調和の事にてあるぞ。二《フ》の座が曇りて、一《ヒ》の座のマコトが少のうなりて、三《ミ》の座の水がマコト少のう響きにマ釣ろう由、水の御ハタラキばかりが強く出ある片ハタラキざ、申して居るのじゃ。これにては一《ヒ》二《フ》三《ミ》のミチに至れぬも道理でござろうぞ。解かりたでござろうか。汝等の基の過ちは、火の位に座すは適わぬ仇酷き《身欲》の響きを、知らず居座らせある事にてござるのぞ。そが由、水の御ハタラキで顕れなさる火《ヒ》土《ト》水《ミ》総てが、ケガレを含みてマコトに鳴れぬのであるよ。解かりて下されよ。一《ヒ》二《フ》三《ミ》が地のへ三座総てのミチぞ。ヒトの一二三。クニツチの四五六。アメツチの七八九。地のへ三座それぞれが一《ヒ》二《フ》三《ミ》の響きにて真釣ろうてあらねば、マコト鳴らぬのじゃ。」（P．157～158）

二《フ》の座の曇りにより、「三《ミ》が真響き真釣ろい結ぶ」ことができなくなって、水のハタラキばかりが強くなり、片ハタラキになるとあります。これでは、「一《ヒ》二《フ》三《ミ》のミチに至れぬ」ということです。

ヒトの座もクニツチの座もアメツチの座も「一《ヒ》二《フ》三《ミ》の響きにて真釣ろうてあらねば、マコト鳴らぬのじゃ」とありますから、どうしても真中の身欲を掃除することが必要です。

「善いか、ミロク申すは、九御座すべてが、マコト、マコトに真釣ろうた、歓喜弥栄を、五《イツ》の真中が鳴り鳴り統べる御代のことにてござるのぞ。そは地のへの三座のそれぞれが、すべて真釣ろうて初めて適うが由、ヒトの座の一二三の〈三〉、クニツチの座の四五六の〈六〉、アメツチの座の七八九の〈九〉、地のへ三座の御座のご称名〈三〉〈六〉〈九〉を拝し奉りて、ミロクと呼び習わしめたを知るが善いぞ。解かりたか。総ては九条の御座の型にて示しありたのじゃ。」（P．158）

ミロク世とは、「九御座すべてが、マコト、マコトに真釣ろうた、歓喜弥栄を、五《イツ》の真中が鳴り鳴り統べる御代のことにてござるのぞ」とあります。そして、なぜ、新しい時代をミロク世というのか、明確に記されています。

日月神示の第一巻上つ巻・第三十二帖には、「ひみつの仕組みとは一二三《ひふみ》の仕組ざ、早よう一二三《ひふみ》唱へて呉れよ、一二三《ひふみ》唱へると岩戸あくぞ」とあります。

一二三《ひふみ》唱えるとは、ひふみ祝詞のことと思われますが、天明たちが祝詞を唱えることで、岩戸を開ける準備を整えられたと考えられます。そのおかげで、岩戸が無事に開いたのです。

「一二三《ひふみ》唱へて呉れよ」の言葉は、その後何度も神示に述べられています。そして、「一《ひ》二三《ふみ》の仕組み」とは、伝文にある、九御座の仕組みのことだと思われます。

日月神示は、「ひふみ神示」とも呼ばれます。まさに、「一二三《ひふみ》の仕組み」を導く神示だからでしょう。岡本天明の後は、私たちが、それを成就させなければなりません。

「もちょっと教え置くぞ。正方に納まりた九つの御座を、真中を含みたタテヨコナナメ、それぞれに足してみやれよ。いずれも十五に成るであろうがな。そが十《カミ》の真中はいつにありても五じゃ申す事にてあるぞ。善いか、こ度ミロクが顕ずるは、真中の五がスミキリてマコトが現れるに依りて、スサナルノオオカミ様が響きにてお出ましなさる由、真中の〔五〕より開かれてスサ〔七〕ル様のお出ましで、ミロクの響きが鳴り顕れなさるにより、五六七《イツムナル》と書かしめて、こもミロクと呼び習わしめたのであるぞ。解かりか。九条の御座の構え申すは、大き神仕組みに真釣ろうご経綸でありたのじゃ。とくとごろうじあれよ。汝が清まりて来る程に、汝を教え導く構えにてもあるのぞ。」（P．159）

日月神示には、五六七と書いて、「みろく」と読ませるところがいくつもあります。

たとえば、第三巻富士の巻・第六帖には、「神のも一つ上の神の世の、も一つ上の神の

世の、も一つ上の神の世は戦済《いくさ》んでゐるぞ、三四五《みよいづ》から五六七《みろく》の世になれば天地光りて何もかも見えすくぞ」とあります。

スサナルノオオカミ様が響きにてお出ましになって、ミロクの響きが鳴り顕れたとき、天地が光ると読み取ることもできます。ミロク世が楽しみになりませんか。

世界がミロク世になる過程が九御座のようですが、私たちが真中を清める過程も九御座で示すことができると、伝文にあります。

「一二三と真釣るがヒトの成す、マコト顕ずるカタチなり。四五六と真釣るがクニツチの、一二三《マコト》顕ずるカタチなり。七八九と真釣るがアメツチの、一二三《マコト》顕ずるカタチであるのじゃ。こが水の位を統べ真釣る一二三《ヒフミ》と鳴り鳴る型示しであるぞ。ヒトにありても、クニツチ、アメツチにありても火鳴《ひな》る位に座しまする、神鳴る響きをおろがみて、透け切る響きの幽の座で、授かるマコトを立て持ちて、水成る響きを和し添える、顕に現し鳴りなさるマコト真釣りの御座型にござるよ。霊主心従体属の正位マコトのコトワリにござる。」（P.159〜160）

霊主心従体属。これまで、霊主体従という言葉を使ってきましたが、伝文によれば、霊と体の間に、両者を結ぶ働きの心があるということです。そこで、霊主心従体属。

同じように、火と水の間には、土があったのです。

「水の位の顕の座申すは、地のへの事じゃよ。地のへ三ワケそれぞれの真中の御座申すは、火の位の〔幽の座〕なれば、ヒトにありては二〔フ〕の御座。ヒノモトにありては五〔イツ〕ら御座。アメツチにありては八〔ヤ〕の御座とそれぞれに持ち居るなれど九条の御座を構える経綸の、真中はヒノモトの五〔イツ〕の御座にあるを忘れて下さるなよ。」（P．160）

九御座の中心は、ヒノモトの幽の座すなわち、五〔イツ〕の御座です。ここが曇ればすべての御座が曇ることになると次にあります。

「地のへの三座総てが真釣ろうは、構えの真中の真中なる、ヒノモト真中の五なる座が、スミキリあらねば、叶わぬ事でありたのじゃ。なれどちいとも適わぬ有りザマでありた由の、こ度の大変であるよ。ヒノモト真中が曇りたは、初発にアメツチ真中が《快欲》に、囚われ曇り参りて来る程に、鳴り鳴る響きがヒノモトに至り渡りて参りたのじゃ。なれどヒノモトをご守護致す神々が、正神真神の大神のマコト真釣る御心の、真釣る真中の尊きを、ちいとでも気付きなさりて居らるれば、曇りをハラウも出くりたのじゃが、真釣る真中のご苦労の、自覚全く無き道楽な性根にてござるから、自ら進みて《快欲》に、囚われ曇りてしもうたのじゃ。九条の御座真中のヒノモトが、曇りてしまえばそれだけで、八方囲みた八御座、総て曇るを知りて下され。汝の真中も同じにござるぞ。」（P．160〜161）

ヒノモトの真中が曇ったのは、アメツチの真中が《快欲》に囚われたからとあります。しかし、何度も伝文で述べられているように、私たちの真中の曇りを神々のせいにしてはなりません。

日月神示でも繰り返し述べられているように、私たちにできることは、まずは、自分の真中のお掃除です。

「今今は五《イツ》の真中を《快欲》に、絡みた嘘なる『あやま知』が統べ魔釣る、身（三）欲（四）苦（九）の構えと鳴りて居るを知りて下されよ。四《ヨ》の御座はヒノモトの、火鳴る位の御座にて、元つ天地の大神の、正神真神の座す座《まざ》にて仇汚れし神々の、触れるは許せぬ座にあるを、ヒノモト地のへをご守護する、日本を預かる者共のハラが腐りて居る由に、幽の心の五《イツ》御座、曇りに曇りてケガレさしヒノモト神御座《かみくら》四《ヨ》の御座、天地に仇なす神々が、座すをも気付けぬ曇りザマ、知らず気付けぬそのままに、天の御祖《みおや》と魔釣り上げ、世界に仇なすものと鳴る。御ミの保身を第一に、マコトを捨ててヨく魔釣り、戻り帰りてクに結ぶ。」（P．161～162）

　厳しい言葉が並んでいます。本来、ヒノモトの火の位（四の座）には、正神真神が座して、ヒノモトを守護するところを、天地に仇なす神が居座ってしまった。しかし、私たちも、身欲に引きずられてそれに気づかず、仇なす神を天の御祖と祀り上げてしまったと読み取れます。

　それゆえ、ヒノモトを導く指導者たちのハラも腐り、私たちもそのような指導者を選び、良しとしてしまっているのです。

「《快欲》に囚われたる《我善し》力と『あやま知』の、仇ケガレし神々が改心出来ずにそのままに、四《ヨ》の御座に居直りて《身欲》を基のそのままに、何とか自ら手の内に、末代致すお積りでジタバタ画策なしあるは、総ての総て知りて居るのぞ。最期の最後じゃ、どうなりとかかりて参られよ、こ度は得心致すまでかかりてござれ申して居るのじゃ。九分九厘までは勝たして差上ぐる程に、いよいよ精一杯かかりて来るが善いぞ。今今の改心は許すなれど後は無いのぞ。」（P．162〜163）

私たちも、一日も早く、身欲と保身を克服して、真中を澄み切らせなければなりません。もう時間は残されていないかもしれません。

「解かりて下されたか。ヒノモトは世界のヒナ型でござるから、世界の真中でござるから、ヒノモトの真中が曇り居れば世界も曇るが神仕組みにござりたのじゃ。それ由、初発のヒノモトのタテカエ致す申すも解かるでござろうが、タテナオシとて同じこと、世界の御祖のヒノモトが地軸の立ちたる新つ地を、地の日月の神成る自覚を開き持ち、統べるマコトで範を垂れ、口舌の無い世に整えて、ミロクへ結ぶが天命にござるのぞ。何事もヒノモトから始まるのじゃ。タテナオシに入りて暫くは、何かとゴタゴタ致すのであるが、岩戸は既にタテカエの最後の最後に開けて居る由、ミロク様も代にお出まし成されて居られるから、何か事ありた時には大神様がご守護を出されるぞ。この方からも、それはこう、あれはこう。申してあるから、汝は立てたマコトを持ち行きて、神と共に天命を歩んで下されよ。タテナオシ申すはスメラのミタマの天命にありて、この方とその方で共に耕すご苦労じゃ。ミロクとす統べりたその時に、この方からマコトにご苦労様でござりたと、厚く御礼申し上げ、末代名の残る万古弥栄の誉れの響きと鳴らしめさせて頂くぞ。汝等皆々、危うき身欲は控え捨て、天命自ら掲げ持ち、ミロクを結ぶそのための、基と鳴るため今今を、三真釣り持ち行き魂磨き、嬉し喜び行なして、マコトの響く者と成り鳴りて下されよ。身欲残すは恥を残すぞ。善いな。」（P．163〜164）

「タテナオシは、スメラのミタマの天命である」と述べられています。日月神示や伝文に御縁があった人は、スメラの御魂の持ち主なのだと思います。もちろん、本書を読まれた人も同じでしょう。また、経綸神団といわれる、本書でも取り上げた新宗教で、種人ととなり、学んだ人たちも同様です。

これから大変なことが起こるのでしょう。そして、新しい地球に生き残ったスメラの人たちは、タテナオシを行わなければなりません。そのための準備を今からしておく必要があります。

その第一歩が、何度も何度も述べられているように、魂の磨きです。身欲・保身を克服することです。

「あやま知」は、左脳の成長を促した

中津神々が快欲に囚われて発動したスサナル九御座。正神真神が去られて、「あやま知」が残されたわけですが、このことは、ユダヤ12部族のうち10部族が去って2部族が残ったことが型示しになっていると伝文にはありました。

つまり、2部族は、残された「知恵の神」のことでもありました。そして、2部族ということが、2元論につながります。

物事を2つに分けて考える。たとえば、陰陽、火水、日月、善悪、男女、などなどです。そして、問題なのは、それに優劣をつけることです。陰より陽が上だとか。日が一番で月はそれを支える役であるとか。男が女よりも優れているとか、またその逆に考えるとか。

もちろん、順番はあります。なんでも二つ同時に、ということではないでしょう。霊が先で体が後とか、その逆だとかです。しかし、霊と体、どちらが優れているということではないはずです。

日本は長い間、男尊女卑の考えが根付いていました。戦後、それは、是正する方向には向かっていますが、まだまだ、とくに、昭和の世代には、浸透していないようです。先日

も、政治家の発言が問題になりました。

世界経済フォーラムが2021年3月31日に発表した、男女平等がどれほど実現しているかというデータでは、世界156か国中、なんと120位でした。もちろん、主要7か国（G7）では最下位です。中国（107位）や韓国（102位）よりも下です。

給与を見ても、フルタイムで働く男性の給与（月給）を100とすると、女性は、74・4でした。これは、厚生労働省が発表した2020年のデータです。もちろん、業務内容が男女ほとんど変わらない場合にでもそうです。国会議員の男女比も問題になりました。

そして、とくに問題なのは、善悪です。なんでも善悪に分けて考え、そして、善を良しとして、悪を排除しようとする。「鬼は外、福は内」がそれを象徴していました。

この2元論で優劣をつけることを伝文では、「分かつ知」と呼んでいます。2元論そのものは、考え方の一つで、それ自体に問題があるわけではないでしょう。もちろん、実は、二つの間には、それらを結ぶ、結束点があるのですが。

人の体を見てみると、目、耳は二つ、鼻は穴が二つに分かれ、口は入り口で出口の門と一対です。手足も2本ずつ、それらを動かす脳も左右に分かれ、心臓も右と左に分かれています。

けれども、腹は一つ。五体を真釣るハタラキの大事な真中が、「ハラ」なのです。人体も、この度の経綸の型示しとなっていたのです。

もちろん、日本そのものが型示しです、日本は、2本。分かつ知そのものです。そして、「分かつ知」の象徴が人の脳なのです。先ほど述べたように、人間の脳は、右脳と左脳に分かれており、それぞれ役割が違うようです。

東京医科歯科大学教授だった角田忠信氏の研究によれば、日本人の場合、右脳は、音楽、西洋楽器音、機械音、雑音、また左脳は、言語音、子音、母音、感情音、泣き声、笑い声、いびき・あくび、ハミング、小川のせせらぎ、波や風や雨の音、動物、虫、鳥などの鳴き声、邦楽楽器、計算などを分担しているそうです。

一方、西欧人は、言語音、子音、計算が左脳で、他はすべて右脳が担当しているとのことです。これは、氏が独自で開発した、電鍵打叩法《でんけんだこう》という機器を使って調べたものです。

この脳の使い方の違いは、実生活にどのような影響を及ぼすのでしょうか。氏の著作『右脳と左脳』（小学館）によれば、左脳は言語脳と呼ばれ、言語や計算などを司るとあります。いわば、論理的な、知的な思考を行う部位といえるでしょう。

西欧人は、とくに、子音が母音より優位で、言語と計算だけが言語脳で処理されます。つまり、言語脳としての機能の専門性が高まり、より、論理的で、イエス・ノーがはっきりしていて、あいまいさを嫌う。

一方の右脳は、音楽脳と呼ばれ、感情的なものを司るということです。雑音もこちらの脳です。ですから、西欧人の場合、小川のせせらぎ、波や風や雨の音、動物、虫、鳥などの鳴き声は、雑音と変わらなく処理されるのではないかと考えられます。

このことが、文化に対しても大きく影響を及ぼしているのでないかと、氏は推察しています。日本人の場合、小川のせせらぎ、波や風や雨の音、動物、虫、鳥などの鳴き声などの音は、単なる音ではなく、言語脳で処理されるため、意味を持ってくる。

秋の虫の音に風情を感じたり、小川のせせらぎや波の音に癒されたりするのが日本人です。松尾芭蕉の俳句に「閑さや　岩にしみ入る　蟬の声」というのがあります。山形県立《りっ》石寺《しゃくじ》で詠んだものですが、芭蕉は、蟬の声に静かさを感じているのです。日本人なら、共感できるものがあるでしょう。ところが、欧米人は、蟬の声には静かさを感じないようなのです。ただうるさいだけなのかもしれません。

当然、「自然」に対する見方も変わってきます。欧米人にとって、自然は自分を取り巻く環境の一つにすぎません。特別な意味を持たないのではないでしょうか。だから、自然、すなわち、草木や動物、岩や湖川などに神が宿ると考えたり、神聖なものと感じることがないのだと思われます。

自然とは、対決し、制御していくべきものであり、ひいては、それが「一神教」につながっていくのだと考えられます。

日本人は、もちろん、そうは考えません。「一寸の虫にも五分の魂」という言葉がそれを象徴しています。

また、日本人は、母音も言語脳の領域なので、子音と母音は同じ価値を持ちます。それが、日本人の特異性を生み出している、すなわち、日本人を日本人たらしめているのではないかということです。

どういうことかというと、日本語が日本人を創っているのです。

氏の研究によれば、日本人のような右脳と左脳の働きを持つ民族は、日本人とポリネシア語圏の地域だけだといいます。

ところが、日本人でも、10歳までの母語が日本語でなければ、遺伝的に日本人であっても、脳は西欧人と変わらなくなることがわかったそうです。

また反対に、日本人以外の血統の人たちでも、10歳まで日本語を母語として育つと、日本人脳になります。

これは、留学生や帰国子女、在日の人たちなど多くの人々を調べてわかったことなのです。もちろん、ポリネシア語圏の人たちも英語で育てば日本人型にはなりません。

ただ、残念なことに、日本語と共通点が多く、イエス・キリストも話したとされるユダヤ語（古代ヘブライ語）で育った人たちがどちらになるのかは、調べられていないようです。

これは余談ですが、今、セレブの人たちの間で、幼いときから子どもに英語を学ばせることがはやっているようです。そうでないと、ネイティブの発音になりにくくなるからだと思われます。

しかし、10歳までは日本語をしっかり学ばせないと、日本人脳には十分に育たない可能性もあるので、その点も考慮する必要があるかと思います。

私は、日本語が「言霊」を持つのも、ここからくるのではないかと思っています。母音が大きな意味を帯びてくる。

「あ・い・う・え・お」の五つの母音は、「一霊四魂」を意味するのと同時に「隠り身五神」のことでもあります。「か行」から「わ」までをローマ字で書くと、KA、KI、KU、KE、KO……、とすべての文字に母音が入っていることがわかります。ですから、たとえば、「かぁー」と長く発音すると、いつのまにか「あ」の音になってしまうのです。他も同様です。

これが言霊を生む原理なのではないでしょうか。すなわち、言霊が日本人を生んでいるのです。

話がそれました。

ということで、右脳と左脳の二つの脳が、二元論の型示しででした。問題は、右脳と左脳は、交差して体にある神経とつながっていることです。つまり、右脳に障害が起これば、身体の左側が麻痺し、言語脳の左脳が麻痺すれば、言葉が不自由になって右側が動かなくなります。

これが、「あやま知」の型示しでした。伝文にこうあります。

「汝の五体申すは宇宙コトワリの似姿なるをくどう申し伝えあろうがな。こ度の経綸の似姿なるも伝え知らせ居ろうがな。

真釣る真中がしっかり致しあり無くば、五体別々の御ハタラキを、それぞれ別個のハタラキと、見なす『分かつ知』育ち来て、『あやま知』用いて世を作るから、五体一如のマハタラキを見失うのであるぞ。アタマはハラの真釣りが無かりせば、末代真釣るは適わぬ『分かつ知』じゃ。アタマは左右を逆に組む、型にて示しある如く、火水を逆さに組み結ぶ、体主心従霊属の、逆き魔コトに結ぶ世に、分け分け進みなしてしもうのぞ。ハラにマコトが立ちて無いから、アタマが総てを巻き込んで反乱を起こすのであるぞ。真中のハラは何をして居るのじゃ。」（P．257〜258）

一霊四魂の四魂とは、奇魂《くしみたま》、荒魂《あらみたま》、幸魂《さきみたま》、和魂《にぎみたま》の四つでした。日本人の場合、奇魂と荒魂は、左脳に、幸魂と和魂は、右脳に関与するのではないかと考えています。

人生の目的の一つは、身魂のふゆ、すなわち成長です。豊かに大きく育てることです。人生の喜びや艱難辛苦は、身魂の栄養剤のようなものでしょう。もちろん、初めに曇ってしまったので、お掃除も欠かせません。

ですから、岩戸が閉じられた最大の理由は、私たちの魂を育てるためと考えられます。奇魂の成長には左脳の発達が欠かせず、また反対に奇魂が豊かであれば左脳も進化していく、そういう「ニワトリと卵の関係」にあるのだと思っています。

もちろん、「そのままでは末に滅ぶので閉じた」と伝文にありますから、そうなのだと思いますが、それを許された元津神様のねらいは、そこにもあったような気がします。

堕天使ルシファーはスサノオノミコト？

天界では、スサノオノミコトにすべての罪を着せて、根の国に追いやったようです。つまり、悪者がスサノオノミコトです。アマテラスオオカミが善、スサノオノミコトが悪という図式です。

この話、堕天使ルシファーと創造主の神との話に似ているのではないでしょうか。もしかしたら、神は、ルシファーにすべての罪を着せて天界から追放したのかもしれません。伝文によれば、この神も片ハタラキの神ということになりますから。

そうであれば、スサノオノミコトとルシファーは同じ図式になります。これはおそらく、ルシファーとスサノオノミコトとが同一人物（神）であるというより、相似形ということなのではないでしょうか。

神御経綸は、地球全体いや宇宙を巻き込んでのことですから、ヨーロッパ神界で、同じことが起きてもおかしくはありません。日本だけの話ではないのです。

岩戸閉め、岩戸開きについても同様です。たとえば、『意識の量子飛躍 11：11 アンタリオン転換』（イシュター・アンタレス／ヒカルランド）や『スターボーン』（ソララ／ヒカルランド）でも、二元性からワンネスへのシフトが起こると述べられています。

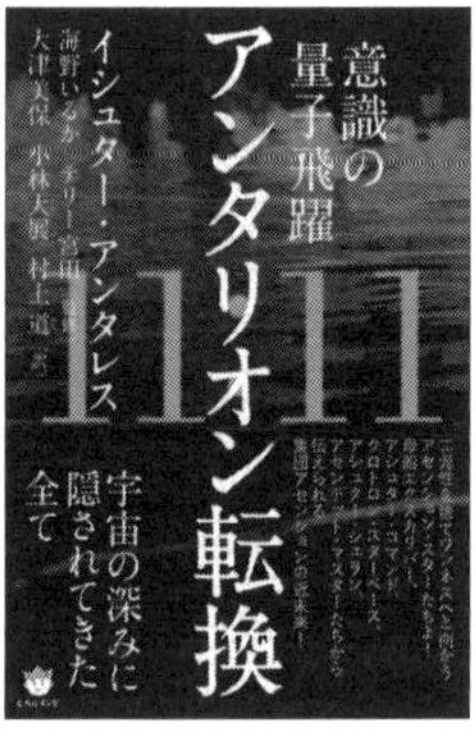

たとえば、スロベニア生まれで、少年時代より多くのクンダリーニ体験をし、過去世記憶が甦ったイシュタ

ー・アンタレスという人が、チャネリングで得た情報を基に記された『アンタリオン転換』には、「二元性世界は古い現実であり、ワンネスの世界は新しい現実です。古い現実と新しい現実の間に、11:11と呼ばれる変化があります」と述べられています。

「11:11」は、次元の裂け目とあります。「ワンネスへと至る次元的な宇宙の出入り口」だともあります。日月神示でいう岩戸のことでしょう。

ただ、ゲートの数は、11番まであり、そこは、五つとする日本の神示とは、異なります。そして、それらのすべてがかどうかははっきりしませんが、ゲートは開かれたそうです。著者は、その次元転換をアセンション、具体的にはアンタリオン転換と呼んでいます。二極性を一元性へと融合させるのです。

もちろん、地球の地軸の移動についても述べられ、新しい地球の北極星になる星は、すでに配置についたということです。

また、現在ペルーで暮らすアメリカ出身のソララという女性による『スターボーン』には、こうあります。

「天界では絶え間なく変化が続いており、それによって私達の世界でも多くの変化が作られています。言うまで

も無く、宇宙空間は平らではありません。それは曲げたり、内側に含んだり、折りたたんだりすることができます。宇宙空間のポケットや畳み部分は、ゆっくりと移動して空間を変化させていきます。その変化が起こると、他のポケットが形作られて、それ以前に閉じられたポケットも開いていきます。

これから起こるのは、以前はポケットや折り畳み部分の内側に隠れていた、私達にとって未知の星天場がゆっくりと露わになるということです。

それとは逆に、これまで慣れ親しんできた星天場の周波数パターンが、ゆっくりと見えなくなっていきます。新しく形成された深宇宙のポケットの内側や、折り畳み部分の中へと入っていくのです。この過程も、新しいエーテル的青写真の確立と、グリッドの形成過程の一部となる、非常に大事なものです。」（P．302〜303）

難しい表現ですが、人の想念が創り出した四次元空間である幽界は、深宇宙のポケットの中へと入ってしまうと考えることもできるでしょう。

また、ソララ氏は、同書でルシファーのことも述べています。

「ルシファーは全ての天使の中で最も美しく、最も強かったので、最も困難な任務に志願したのです。二元性の、最も密度が高い核の部分、「闇の中心」を変化させることです。闇の中心は、一なるものから最も分離している部分です。ルシファーはこの任務を請け負う危険性を誰よりも理解したうえで、その万物に対する誰よりも大きな愛をもって、この任務を実行したのです。酷く誤解を受けるであろうことも、全進化過程の間、闇の中心部から出られなくなるであろうことも、承知した上での決断でした。」（P．203〜204）

「もう一度念を押させていただきますが、ルシファーは自ら進んでこの最大最悪の任務を請け負いました。私達の星の種を、二元性の三次元密度の深くまで埋め込むための道筋となるために。」（P．204）

伝文がいう、スサナルノオオカミ様の役割と同じなのは間違いありません。ソララ氏も、アンタリオン転換について解説しています。

「アンタリオン転換は、一元性の新たなエネルギーパターンへの道として、1987年に活性化されました。このエネルギーパターンは珍しい次元場余弦（コサイン）周波数を含んでおり、地球が受容器となるために必要な、反転システムを創り出します。」（P．331）

この反転システムがアンタリオン転換だといいます。

「アンタリオン転換の重要なところは、相対する二極性を一元性へと融合させる、その潜在性にあります。」（P．334）「アンタリオン転換中央部の『重複域〈ゾーン・オブ・オーバーラップ〉』の扉は、超現実への入り口です。この扉こそが、『11：11の扉』なのです。」（P．336）

イシュター・アンタレス氏とソララ氏、この二人の話の内容は一致しています。おそらく、二人の間には、何のつながりもないと思われます。スロベニアとアメリカ、遠く離れていますし。どちらかがどちらかの著作を見た可能性もゼロではないでしょうが。

しかし、両方の本をご覧になれば、両者のつながりがないことがおわかりになるかと思います。もちろん、高次元のところで、情報源が一致していることも考えられますが。

そして、アンタリオン転換の扉とは、神示でいう岩戸であると考えて間違いないでしょう。

ソララ氏は、この次元上昇に関わる人々を「スターボーン」と呼んでいます。

「私たちは、皆、青天《せいてん》から来ました。そして一なるものが私たちの起源です」

「何故自分を傷つけ続けるのか。それは、自分が強くなり過ぎないように。現実に目覚めたりしないように、あなたがそう決めたからです。

大きな罪を負っている人のように、この惑星上で控えめに生きてきました。自分には家に戻る資格なんてないと考え、追放された苦しみに疑問を持つことなく、苦しみ続けている人がいます。そう、あなたもスターボーンです」

スメラの御魂を持つあなたもスターボーンかもしれません。種人も大事なスターボーンかもしれません。そして、種人は、タテナオシのお役目もあるのです。

天界の出来事は、現実界に転写される

古事記で語られる神話の部分は、天界での出来事です。そして、それは、現実界に転写されました。

日本の歴史は、相対二元の型出しとなっていました。ここからは、アーリオーンが語る内容をご紹介しましょう。

先に述べたように、チャネラーの北川恵子氏が伝える『宇宙神霊・アーリオーン』による日本の古代史に関するメッセージを最初に紹介したのは、中矢伸一氏です。一見、荒唐

無稽のように思われる内容ではありますが、それが正しいと感じさせる著作がありました。

それが、古代史研究家の原田常次《はらだつねじ》氏が著した『古代日本正史』（同志社）です。原田氏は、もともとは、講談社の雑誌編集者でしたが、自身で、出版社（(株)同志社）を立ち上げ、戦後四大婦人雑誌の一つと呼ばれるようになった『婦人生活』を創刊しています。後に、勲四等瑞宝章も受章しました。

氏は、それとは別に、日本全国の記紀以前の神社に残されていた資料を丹念に調べ、本当の古代史を探ることをライフワークとし、結果、隠された「正史」をあぶり出したのです。

そして、その内容は、まさにアーリオーンが伝えるものとほぼ同じものでした。同書は1976年（昭和51年）に出版されています。ですから、原田氏がアーリオーンのメッセージを知るはずもありません。

また、チャネラーの北川恵子氏も、原田氏の著作はまったく知りませんでした。それは確かなので、中矢氏もアーリオーンのメッセージを信じ、世に出すことを決意されたようです。

アーリオーンのメッセージは、その後、『アーリオーン・メッセージ』として、徳間書店より、アートライン・プロジェクト著という形で出版されていますので、同書から紹介したいと思います。
まず、アーリオーンとは、どういう存在か、自ら自己紹介していますので、それを引用させていただきます。
「光よりの光、オリオンの最上の帯としての光より来りて伝える、
我が名はアーリオーン、愛と光の天使
はかなさ、せつなさ、寂しさ、そして悲しみ
この世に在りながら、この世の者でない
人で在り続けながら、人でない
選ばれたる者としての自覚
選ばれて、未来の時から過去の時まで
銀河を遡りたる者
その名をアーリオーン、ＡＲＩＯＮと呼ぶ
そして我が名もまたアーリオーン、国家機構相互媒介の天使
ギリシャ時代にはポセイドン【ネプチューン】を父としたエネルギーで在り続け、
拝火教【ゾロアスター教】にあいてはアフラ・マズダとして在った天使、
東洋においては観世音菩薩、弁財天の本流として在る天使。

日本においては高天ヶ原系列の天子、つまり、イザナギ・イザナミと呼ばれし天子の来たれり星系の天の御使【アメノミツカイ】として在る。

これら全ての力の源である母なる宇宙の右手より来たり、父なる宇宙の力を左手に炎の剣として携えている。」

アーリオーンは、「オリオンM42を中心とし、ベテルギウスを母胎とする神霊である」とも述べています。オリオン系の宇宙神霊と考えればいいでしょう。

さて、アーリオーンによれば、「紀元前3〜2世紀にパミール高原を旅立った部族」があったといいます。その部族は、モンゴル系の人種でアマ族と呼ばれていました。

パミール高原は、タジキスタン、アフガニスタン、中国にまたがる中央アジアに位置し、海抜7000メートルに達する高原です。

いくつかのアマ族のうち、2グループが最終目的地を日本列島に定めたそうです。2グループは、陸路と海路に分かれて移動しました。

最初に到達したのは、陸路のグループでした。中国の江南地方から博多湾沿岸に上陸し、九州の原日本人の縄文人の集団と併合しながら、九州の東海岸や日向地方へと南進し、強大な国家を作り上げました。

アートライン・プロジェクトは、このグループを「日向族《ひむか》」と名付けたそうです。日向族の族長クラスには、イザナギ、イザナミと呼ばれる人がいました。

一方、海路のグループは、東南アジアの島々を経て朝鮮半島に渡り、壱岐島から出雲に入りました。陸路グループよりは、やや遅れての日本上陸でした。族長は、スサノオの曽祖父と、スサノオの父のフツでした。それが「出雲族」です。スサノオはこの出雲で生まれています。

パミール高原を出立する際、アマ族の両グループは、「日本で落ち合った後、一致協力して日本を治め、人類の進化と文化の隆盛を促す」という約束をしていました。

ところが、出雲族が日本に到着したときには、すでに日向族が強大な国家を建設しつつあったため、日向族は、出雲族との協力を拒んだのです。つまり、約束を破ったということです。

日向族は、出雲族が持つ、皇位継承の証し「十種神宝《とくさのかんだから》」の引き渡しを要求してきました。

もちろん、出雲族は、この要求には応じず、族長のフツは、息子のスサノオと孫のトシ（後のニギハヤヒ）らとともに、九州に住む日向族を制圧する行動に出ました。

その勢いに恐れをなした日向族のイザナギとイザナミは、娘のアマテラスをスサノオの妻として差し出すことによって和睦を申し出ます。

しかし、それに反対する人物もいました。アーリオーンによれば、それは「アマテラスの義弟たち」でした。彼らの名は歴史には残っていませんが、古代の呪術を巧みに操る有能な呪師で、その影響力は、現代にも及んでいるということです。

彼らは、日向族の実質的に権力を握っていましたが、出雲族との同盟で、その権力を失うと考えたのです。

それでも、スサノオとアマテラスの婚姻は、実行されました。そこで彼らは、出雲族の聖地や日本の重要なエネルギースポットを次々と封印して回ったのです。

この日本列島に施された呪縛によって、日向族と出雲族の関係は、徐々に悪くなり、ついには、修復不可能な状態までこじれてしまうのです。

そして、義弟たちの強烈な呪縛は後世にも及び、「日本の歴史の節目節目に顕れる『二分された勢力による対立構造』」が生まれる結果となりました。

蘇我氏と物部氏の主権争い、源氏と平氏の戦い、南朝と北朝の対立、攘夷派と佐幕派の抗争等々、二元の対立が起こり、その度に岩戸が閉じられたと考えてもいいでしょう。

元はといえば、霊界（黄泉の国）においてイザナギがイザナミとの約束を破ったことが発端です。それが、現界では、イザナギ・イザナミの一族がスサノオの一族と交わした約束を破ることにつながり、岩戸閉めとなったわけです。

まさに、日本が二元対立の型出しを演じたということです。

さて、もう一度、日向族と出雲族の話に戻ります。ここからは、中矢伸一氏の著書『神々が明かす日本古代史の謎』（日本文芸社）を参考にご紹介しましょう。中矢氏もアーリオーンからの情報が元だと述べています。

アーリオーンは、スサノオの五番目の子のトシが、彼の器量をすべて受け継いで生まれたといいます。成人すると、オオトシと呼ばれるようになります。

スサノオが出雲を制覇したとき、父親のフツは、まだ存命でした。そして、スサノオを九州に送ります。それは、西暦170年後半の頃と推定されています。

中国の『後漢書』によれば、桓帝《かんてい》（147〜167年）・霊帝《れいてい》（168〜188年）に倭国に大乱があったと記されていますが、それがスサノオの遠征のことのようです。

邪馬台国の女王・卑弥呼は、生年は不詳ですが、亡くなったのは、242〜248年頃とされていますから、60〜70年後の時代ということになります。アマテラスが卑弥呼であるとするのには、無理があるでしょう。

九州を平定したスサノオは、オオトシに「十種神宝」を渡し、大和の国に入るよう伝えました。そこでオオトシは、大和へ行き、豪族としてその地を治めていたナガスネヒコの妹・ミカシキヤヒメを娶《めと》ります。

そして、日本の王として、「アマテルクニテルヒコアメノホアカリクシタマニギハヤヒノミコト」と名を変えました。

このことは、アーリオーンからの情報とのことですが、裏付けもあります。それが『旧事本紀《くじほんぎ》』です。旧事本紀は、『先代旧事本紀』、『旧事紀』などと呼ばれ、巻数も写本によって違いがあります。

また、序文が史実と矛盾するところから、明治以降は、偽書とみなされていましたが、近年、序文は後から創作されたもので、本文は、資料的価値があるとする研究者も多く出ています。

もちろん、記紀とは、内容が異なる部分もあり、記紀を信じる人たちにとっては、偽書としたい思惑もあるようです。

たとえば、旧事本紀では、伊勢の皇大神宮より、別宮とされる伊雑宮《いざわのみや》のほうが、内宮・外宮より社格が上のような記述あります。これには、皇大神宮の神官たちが、我慢できなかったようです。

もちろん、記紀も改竄されていることは明らかですから、記紀が伝える歴史が正しいと一方的に信じるのではなく、旧事本紀も同等に考え、両者を検証する必要があるでしょう。

それはさておき、その旧事本紀には、ニギハヤヒの正式名称として、「天照国照彦天火《アマテルクニテルヒコアメノホ》明櫛玉饒速日命《アカリクシタマニギハヤヒノミコト》」と記されているのです。そして、このニギハヤヒに関する、記紀にはない記録が詳細に綴られています。

もう一つ特筆すべき点は、天皇のお姿です。このことは、前著にも記しましたが、神武天皇には、頭に2本の角があり、鱗のある龍尾を持つ、まるで恐竜のような異形の人物として記されているのです。そして、そのような記述は、神功皇后まで続いています。

神功皇后は、「目には二つの瞳があり、乳房には九つの穴があり、力は建物の柱を揺るがす」と述べているのです。この点も偽書たるゆえんだと思いますが、天皇家には、龍系のＤＮＡが入っていると考えられるのです。

アーリオーンも、スサノオには2本の角が生えていたと伝えてきています。スサノオが、牛頭天王と呼ばれているのも、そこからのようです。アマ族は、そのような血統を持つ種族なのでしょう。

これは、私見ですが、ニギハヤヒの子孫とされる物部氏には、ときどき、角が生える人が生まれたと思っております。曽我氏との争いに敗れ、追い詰められていきましたが、その過程で、「鬼」と呼ばれるようになり、秋田県の「なまはげ」など、各地に残る、今日の鬼伝説が生まれたと考えております。

そして、いわゆる被差別部落が存在する原点も、ここにあったと思っています。日向族の子孫の人たちは、徹底的に、物部氏（出雲族）を排斥し、彼らやニギハヤヒ大王の存在を消したかったのだと思うのです。

原田常治氏の『古代日本正史』にも、スサノオとアマテラスは、姉弟ではなく、婚姻関係にあったと述べられています。そして、日本建国の祖は、スサノオとニギハヤヒであり、神武天皇は、ニギハヤヒの娘のイスケヨリヒメの婿養子だったとあるのです。

神武天皇は、日向族の血統ではありません。ユダヤ12支族の流れをくむユダヤ人の血を持つと思われます。ですから、当時の日本人にとっては、変わった姿に見えたのかもしれません。本当に異形だったのは、むしろニギハヤヒのほうだったのでしょう。

ニギハヤヒの存在が消し去られる過程で、両者が混同され、かつ、誇張して伝えられたのだろう思います。

もちろん、代を重ねるどこかで、入った可能性も高いでしょう。アーリオーンのいう、アマテラスの義弟たちの子孫の暗躍が考えられるからです。しかし、このことは、たいして重要なことではありません。大事なのは、霊統ですから。

縄文時代を謳歌していた日本に、弥生時代を迎えさせたのは、アマ族でした。縄文と弥生の二つの系統、両者は、長い間、混在していました。平安時代、平民の住居は、竪穴式であることがわかっています。

貴族は、おそらく、渡来系（弥生系）の人たち。弥生人が縄文人を支配する形で徐々に日本に浸透し、やがて縄文人も同化されていったのだろうと思います。

今は、縄文時代の見直しがあちこちで叫ばれています。縄文時代は、争いのほとんどない平和な時代が続いていて、そこに私たちが学ぶべき事柄がたくさんあるからです。

この背景には、岩戸開けに伴い、縄文時代にお祀りされていた神々様の復活があるのでしょう。すなわち、国津神と呼ばれた神様たちの復権です。日月神示にあるように、富士神界の神々の出番が来たようです。

日向族と出雲族の対立も、この度の経綸で、収束することでしょう。新たな天子様は、カムスサナルノオオカミ様ですから。アマ族が当初約束したように、二族は、ともに力を合わせて、次元上昇した地球を支えていかなければなりません。

その型出しは、もうなされています。それが、高円宮家の典子様と出雲大社の宮司嫡男・千家国麿《せんげくにまろ》氏のご結婚です。

曽我氏と物部氏との対立も、物部氏の復興で解消されることでしょう。天皇家の北朝と南朝の対立は、明治天皇によって治められました。明治天皇は、秘密裏に北朝から南朝へと交代された模様です。
外した真釣りを元に戻す、真釣り戻しが「歴史」でも行われているのです。

第四章

悪を抱き参らせる
伝家の宝剣「意乗り真仮名ヰ行」

火水伝文が明かした神人合一の道

日月神示で繰り返して述べられた、「ミタマを磨いてくれよ」という言葉。ではどうしたら磨くことができるのでしょうか。もちろん、神示が示すように、まずは、この日月神示を繰り返し読み、肚に入れること。

「日月は浴びよ。火水《ひみつ》は歩め」です。

これが基本です。そして、その後は？

実は、前著の『元つ神の「光ひとつ上ぐる」仕組み』に詳しく解説しました。しかし、これはとても大事なことですから、もう一度よりわかりやすくお伝えしたいと思います。

まず、仏教には、「他力本願」と「自力本願」という言葉があります（いきなり仏教の話になりましたが、お許しください）。

本願とは、成仏すなわち仏になることであり、救われることであり、輪廻からの解脱も意味するかもしれません。

それが他力によるのが「他力本願」で、自力によるのが「自力本願」ですが、他力とは、阿弥陀仏つまり仏様のお力です。自我を捨ててすべてを仏に委ねて本願を遂げる道が他力本願です。

一方の自力本願は、自らの力で本願を遂げることと考えがちですが、そうではありません。もともと自らに備わっている力を磨き出して、最後に仏様から、足りない一厘を頂いて、本願を成就させる方法なのです。

ですから、ひたすら念仏を唱える浄土宗や日蓮宗系の仏教は、「他力本願」。禅を組み、自らの修練を第一とする、天台宗・真言宗などの禅宗系の仏教が「自力本願」といえるでしょう。

キリスト教は、アーメンを唱え、イエス様や絶対神にすべてをお任せするので、他力本願に近いかもしれません。また、イスラム教は、厳しい戒律を守り、自らを律するところがありますから、自力本願の要素が大きいです。

さて、神道はどうでしょうか。多くの人は、神社に出かけ、何か、願い事をして、おみくじを引き、穢れを落としてもらって帰るわけですから、他力本願といえるでしょう。

しかし、古神道は違います。自らに神の一厘が宿るとし、その神を磨き出す、と考えるので、自力本願に近いといえます。

もともと神社は、神様をお祀りする場所で、願い事をするところではありません。まあ、産土《うぶすな》神社や氏神様は、そういう個人のことをお願いしても、聞いてくださるかもしれませんが。

個人的なことの頼み事は、神上がりしたご先祖様にするのが一番です。亡くなったおじいさんやおばあさんは、まだご自分のことで精一杯なはずです。何代か前に遡《さかのぼ》れば、必ず、神上がりされたご先祖様がいらっしゃいますから、そのご先祖様にお願いするのがいいでしょう。子孫の願いなのですから、きっと聴いてくださることでしょう。

それはともかく、他力本願と自力本願、どちらにせよ、共通していることがあります。それは、いずれも「我を捨てよ」ということです。他力本願の場合は、我を出さずに、すべてを仏様に委ねるわけですし、自力本願では、修行して魂を磨くことで、我を捨てるのです。

もちろん、すべてを捨てて無になれば、自己もなくなるわけですから、それでは困ります。自分という最小限の自己肯定は必要です。

ならば、我を捨てるとは、身欲と保身を断つことではないでしょうか。火水伝文で再三再四述べられている身欲と保身。これをできるだけ抑えることが一番の道なのです。

次に来る共存共栄の社会は、人々に身欲と保身が強くあれば成り立ちません。

誰でも元気で長生きをしたい、お金持ちになりたい、地位も名誉も欲しい、仕事を失いたくない、人から怒られたくない、あるいは褒められたいなど、ある程度の欲望と保身の気持ちはあるでしょう。

欲望がまったくなければ、無気力になる恐れもあります。自分という存在を強く意識しなければ、「個」でいる意味もなくなってしまいます。

スポーツはもちろん、社会でも適度な競争意識も必要でしょう。それが人を向上させてきた面も大きいのです。

ですから、「我《が》がなくてはならん、我があってはならず」と第四巻天つ巻・第二十三帖にも述べられているのです。

また、身を守ったり、危険を回避したりする行動は、当然取らなければなりません。これは身欲・保身とは別のものです。

しかし、指導的立場や社会の中心に立つような人々、政治や経済の要職についているような人たちは、とくに身欲や保身を戒めなければなりません。影響が社会全体に及ぶからです。

ところが、現状はどうでしょうか。オレオレ詐欺、特殊詐欺の犯罪者たちは、人の善意に付け込んで、嘘で高齢者のお金を巻き上げる。

政治のトップも官僚も、保身そのものです。国会で平気で嘘をつく、公文書を改竄するなど、まさに保身の塊です。これでは神様ならずとも、日本を根底から改革しなければならないと思うでしょう。

では、身欲と保身を断ち切るには、どうしたらいいでしょうか。

それは、もちろん、つらくとも「嘘をつかない」ことです。人を騙《だま》すのは論外ですが、できない約束は初めからしない、約束したからには、誠実に守る。それが大事です。

それは、「口と心と行い」を一致させることにつながります。

伝文では、口の真釣り、心の真釣り、行いの真釣りを「三真釣《みまつ》り」と呼んでいました。

相手を気遣い、敬う、美しい言葉、話す内容、まずは、口の真釣りを心がけましょう。

次に、それを心から言えるように鏡を磨くこと。これが心の真釣りです。そして、それを行動に表す。それが行いの真釣りです。

この三真釣りを会得するための一つの方法が、「口と心と行いを一致させる」ということです。

肚の中で何を考えているかわからない人をあなたは信用できますか？　顔はニコニコして、優しい言葉をかけてくれたとしても、心の中では、自分のことを馬鹿にしているんだと気づいたら要注意でしょう。騙そうとしているのかもしれません。保身があるから嘘をつく、嘘とは、口と心が一致していないということです。

口とは、話す言葉です。心とは、自分の気持ちです。行いは、行動。これが一致していないと、言葉が「言霊《ことだま》」になりません。言葉にエネルギーが宿るのが言霊です。

一度も嘘をついたことがない人が、「大丈夫」と声をかけてくれたら安心でしょう。この人の言うことは信用できると思うからです。反対にときどき適当な嘘をつく人に「大丈夫だよ」と言われても、「なんだかなぁ」と思うでしょう。

「口と心と行い」が一致している人の言葉には、それが現実になる力、エネルギーが宿るから、実際にそうなるのです。これを言い当たるといいます。それが「真中」の力です。

国会で嘘をつくような首相や大臣が、「新型コロナの対策は、しっかりやります」と言ったところで、国民は信用できないでしょう。安心できません。まず、国の指導者がそれを実践すべきです。

よく聞く言葉が、「政治はきれいごとでは進まない」です。そんなことはありません。この言葉は、身欲・保身の塊の政治家が自分を肯定したいがための言葉です。進まないのは、言葉が言霊にならないからです。エネルギーがないから、「口だけ」になってしまうのです。真中の掃除ができていないから、言ったことが実現しません。

口と心と行いを一致させるには、保身があってはできません。ある意味、自分をさらけ出すことですから。

怒りの心が湧き、それを素直に口に出して行動に表したら、相手は、嫌な思いをするでしょう。喧嘩になるかもしれません。

つまり、心の状態が即、自分に返ってきます。したがって、「口と心と行い」を一致させようとすると、自分の心の有り様が問われてくるのです。心をきれいにせざるを得なくなってきます。

これが鏡を磨くということです。すなわち身魂の掃除です。

心がきれいになれば、思ったことを口にし、それを行動に移せば、周りは幸せになります。

しかし、それができないから、本心を隠すのだとおっしゃるかもしれません。それなら、どうしたらいいのでしょうか。

まずは、周りを幸せにする言霊を使うことです。たとえ心が伴わなくても、まずは口にしてみる。そして、できるだけそれに沿う行動を起こすことです。もちろん、相手を貶めるような負の言霊は封印します。

最初は心がついていかなくても仕方ありません。でも、言葉の力、言霊の威力は大きいので、言葉が自分の心を変えてくれるでしょう。まずは口にしてみることです。よき言霊は、相手を喜ばせ、それが自分にも返ってきます。だんだん自分もその気になって、心が磨かれてくるのです。

神は喜びしか渡していない

伝文を下ろした我空氏が、各地で講演を行っていた時期がありました。伝文が本の形になって、予め申し込んだ人に配られ始めた頃です。1992年（平成4年）あたりだったと思います。

そのときの内容は、伝文に記されている話だけでなく、もっと多くのことが語られています。後でわかるのですが、実は、伝文は、上下2巻に分かれていて、今、手元にある『火水伝文』は、上巻（上つ文）だったのです。

下巻（下つ文）も、いずれ発行されるということで、お金を添えて申し込んでいましたが、結局、発刊に至らずお金も返金されました。

しかし、その内容こそが、我空氏が講演で話されたものだったのです。そしてそこには、大事なポイントがありました。それが産道を歩むための五つの杖でした。

伝文では、経綸の最終形、一般には、アセンションと呼ばれる現象を宇宙の出産と述べています。私たちが住んでいる地球や太陽のある世界は、元津神の子宮の中にあり、それを子宮内宇宙と呼んでいます。

そして、その宇宙が、出産を迎えているのです。これまでは、流産しないように、しっかりと子宮の口が閉じられていました。それももちろん、大きな岩戸の一つです。それがぽっかり口を開けている状態に、今はなっているのです。

出口王仁三郎は、なぜ出口なをの養子となったのか、それは「出口」という姓が必要だったからです。出口なをが出口家の養女となったのも同じ理由です。人々を産道の出口に誘うお役があったからです。

私たちは、今、外へ向かって歩き出さなければなりません。どうやって歩くのかというと、頭を下に歩きます。人の出産もそうでしょう。頭から出なければ逆子です。足からバンザイの状態で出れば手が引っかかってしまうでしょう。

いつも頭を低く、頭を下に、つまり謙虚に生きよ、ということです。誰もが通った母親の産道ですが、覚えていなくとも、暗くて狭かったに違いありません。宇宙の産道も同じです。暗くて狭く、苦しい場所です。

今は、もうその産道にいるわけですから、苦しいことも多い。コロナ禍はもちろん、これからもっと大きな災害も起こるでしょう。そこを乗り切るための杖を我空氏は渡してくれました。それが、産道を歩む五つの杖です。

前著でもご紹介していますから、もうわかったという人もいるでしょう。しかし、この杖は、わかっただけではダメです。実際に使用しなければ意味がありません。「日月は浴びよ、火水は歩め」といわれるゆえんです。もう一度復習しましょう。

杖の一つ目が、「神は喜びしか渡していない」でした。

初め、神の世界であるこの世は、歓びしかなかったのです。そこに、身欲を持ち込んだのが中津神や人間で、そのために、魔釣りの仕組みが発動したと、伝文にある通りです。そのままでは、この度の出産は、難産になりますが、それは仕方ありません。私たちに苦しみが訪れるのは、「真釣り」を外したよというお知らせと、外した真釣りを戻す、真釣り戻しの結果なのです。簡単にいえば、カルマの解消です。

つまり、どんなに苦しくとも、それを招いたのは、自分であるということです。これに気づかず、苦しみの原因を他人に求めていたら、いつまで経っても魂は磨かれません。前世のことは、記憶にありませんから、なぜ私がこんな目に、という疑問が解けないことも多いでしょう。

しかし、苦があること自体がおかしいという自覚が大切です。よくお産は、苦しいといいます。実際、大変なのだと思います。

ただし、自分に起こることを苦と楽《らく》に分け、いつも楽を選択するというのは、相対二元論の考え方です。ここが難しいのです。

宿題をやらずに遊んでばかりいる。仕事はつらいから、ぶらぶらしている。掃除は嫌いなのでやらない。これは、すべて楽を選んでいることになります。苦しいことから逃げてはいけません。苦しい中に喜びを見つけるのです。

植村花菜さんの『トイレの神様』の歌詞を思い出してください。

小学3年生の女の子が、実家を離れておばあちゃんと暮らすことになり、掃除を任されます。しかし、トイレ掃除だけは嫌だったのですが、おばあちゃんの魔法の言葉で、楽しくなるのです。それが、「トイレには美しい神様がいて、トイレ掃除を一生懸命すれば、その神様のように別嬪さんになれる」というものです。

それを信じた女の子は、毎日トイレ掃除を始めたのです。これは決して嘘ではないでしょう。トイレ掃除は、心を磨きます。心が美しくなれば、姿形、振る舞いにもそれが現れてきます。

つまり、女の子は、トイレ掃除から逃げず、その中で喜びを見出したのです。

会社が嫌で転職したいと思うこともあるでしょう。それでも辞めずに頑張ったから今の自分があると胸を張るケースもあれば、何度か仕事を変わるうちに、今の天職に出会い、成功したという人もいるはずです。

その見極めは難しい。もし、そういう場合に直面したら、どうすればいいのでしょうか。そういうときには、自分と何度も向き合って考え、結論がある程度出たら、それを少しだけ、実行してみるといいかもしれません。

守護霊や神様は、必ず答えをくださいます。それを見逃さないことが大事です。たとえば、音信不通だった友達から突然連絡が来て、会ってみたら、自分が考えていた新しい仕事に関連した話が出たとか。

あるいは、「俺、転職して失敗したよ。それでお前がどうしているか、気になってメールしてみたんだ」とか、答えのヒントがもらえるかもしれません。

これは、偶然ではないのです。たまたまだとか思っていると、キャッチできません。なかなか決断ができなければ、三度、そうしたお知らせがあるでしょう。

たとえば、東京オリンピック・パラリンピックについて考えてみましょう。この原稿を書いている現在は、このコロナ禍でも、政府を初めとする関係者は、やる気十分です。第四波が来ているのに、です。

しかし、神の意志ははっきりしています。それは中止。もう三度以上、ミソがついています。トラブルが発生しています。国立競技場の設計の件、エンブレムの件、森氏の発言と組織委員長の交代、そして、新型コロナです。もし、それでも実行しようとするなら、もっと大きな災いが訪れるかもしれません。

たとえば、大地震や富士山の噴火。オリンピック開催中に東京直下型大地震が起こったら……。考えるだけでも恐ろしい。

なぜ、東京オリンピック・パラリンピック中止が神様の御意志なのか、それはわかりません。純粋なスポーツの祭典なのに経済のことを第一に考えているとか、金メダルや勝利至上主義に陥っているとかが考えられますが、よくはわかりません。

しかし、中止が神の意志であると私は考えています（この本が出版された今は結果が出ているとことでしょう）。

話がずれました。とにかく、苦は、ないのが一番です。

お産が苦しいのは、魔釣りの経綸のゆえであるとおっしゃいます。初めに真釣りを外していなければ、出産だって、受精のときと同じように歓びを感じることができたともおっしゃっているのです。

まったくの無垢の赤ちゃんにも苦しみがやってくることがあるのは、前世のいわばカルマが原因です。

もちろん、苦しみは、カルマが原因のすべてではありません。一般には、因果応報といって、前世悪いことをすると、今生ではその報いが来て、たとえば、超貧乏人のもとに生まれてくる。

あるいは反対に前世で施しをたくさんすると、今生では大金持ちの家に生まれるというような、考え方をするようですが、そうではありません。

日本人は、親を選ぶことができます。すべての人がそうだとはまだわかりませんが、天上で親を選んで生まれ、その記憶が残る子どもたちもいます。

親が選べるなら、金持ちの家に、ということになりそうですが、生まれる前の魂たちは、そうは考えません。魂それぞれにテーマ（課題）があって、そのテーマを成就させるのに一番の親を選ぶのです。

要は身魂を磨くのに、あるいは魂を大きくするために、最適な場所を選ぶということです。もちろん、それでカルマを解消できることもあるでしょう。それが目的のこともあります。

不自由な体を持って生まれてくるのも同じです。ですから、母親のおなかの中で、エコーで見つからないよう、障害のある部分を見られないよう、そこを隠す胎児もいるそうです。

今生は社会で成功して、その喜びをおもいっきり体験したいと思った身魂は、それが叶う親や家を選んで生まれてくることでしょう。

今回の生では、身魂をもっともっと磨きたいと考えて、厳しいしつけの親を選ぶかもしれません。

また、社会的に成功することが幸せとは限りません。地位や名誉があっても、家族には恵まれていないとか、その反対であるとか。

同時に、貧乏だから不幸せとはいえません。大事なのは、毎日喜びを生んでいくことです。物欲がなくなれば、モノに恵まれなくても幸せを感じることができます。

ですから、社会的成功がすべてではないのです。

もちろん、どの人生を選択しても、今はラストチャンスの時期でもありますから、それ相応の苦労は伴いますが。

いずれにしろ、歓びが少ないのは、自分の責任です。他人や運のなさのせいにしてはいけません。

自分のものは何もない

日月神示の第三巻富士の巻・第十三帖にこうあります。

「何もかもてんし様のものではないか、それなのにこれは自分の家ぞ、これは自分の土地ぞと申して自分勝手にしてゐるのが神の気に入らんぞ、一度は天地に引き上げと知らしてありたこと忘れてはならんぞ、一本の草でも神のものぞ、野《ぬ》から生れたもの、山から取れたもの、海の幸もみな神に供へてから臣民いただけと申してあるわけも、それで分るであろうがな。この神示《ふで》よく読みてさへ居れば病気もなくなるぞ、さう云へば今の臣民、そんな馬鹿あるかと申すがよく察して見よ、必ず病も直るぞ、それは、病人の心が綺麗になるからぞ、洗濯せよ掃除せよと申せば臣民何も分らんから、あわててゐるが、この神示《ふで》よむことが洗濯や掃除の初めで終りであるぞ、神は無理は言はんぞ、神の道は無理してないぞ、よくこの神示《ふで》読んで呉れよ、よめばよむほど身魂みがかれるぞ、と申しても仕事をよそにしてはならんぞ。臣民と申すものは馬鹿正直ざから、神示《ふで》よめ申せば、神示ばかり読んだならよい様に思ふてゐるが、裏も表もあるのざぞ。役員よく知らせてやれよ。八月二十二日、⦿のひつ九のか三のお告。」

続いて第十四帖には、

「臣民にわかる様にいふなれば、身も心も神のものざから、毎日毎日神から頂いたものと思へばよいのであるぞ、それでその身体《からだ》をどんなにしたらよいかと云ふこと分るであらうが、夜になれば眠ったときは神にお返ししてゐるのざと思へ、それでよく分るであらうが。身魂みがくと申すことは、神の入れものとして神からお預りしてゐる、神の最も尊いとことしてお扱いすることぞ。八月二十三日、㋹の一二のか三。」

ここに大事なことが記されています。それは、「自分のものは何もない」ということです。「身も心も神のもの」とあります。つまり、身体は、神様からの預かりものなのです。朝、目が覚めたとき、体をお預かりし、夜眠ったらお返しする。それの繰り返しということです。

ですから、大切に使わなければなりません。そして、身体だけでなく、家も土地も持ち物も、すべて神様のものです。地球上のもの、いやすべてが神のもの。「一本の草でも神のもの」とあります。

ということは、自分のものは、一つもないということになります。肉体が病むのは、神の罰ではありません。自分が自分で病ませてしまうのです。これは新型コロナウイルスでも同じです。偶然に感染するのではありません。

自分の中にその因があるのです。「神示を読めば病が治る」と述べられているのも、神示を読むことで自分の波動が上がり因が消えるから、そう述べられているのです。

死ねば、あの世に持っていけるものは何もありません。もちろん、持っていく必要もありません。むしろ物欲は、身魂磨きには、邪魔なものかもしれません。生活するのに、不自由しないものだけがあればいいでしょう。

たとえ、自分がお金を出して買ったとしても、もともと自分のものではないのですから。借り物は、最低限で抑えるほうがいいのです。

人は中今に生かされている

テレビを見ると、よく、「明日の未来のために」など、未来に希望を託すCMに出会うことがあります。素晴らしい未来のために、今は、我慢しよう。今は苦しくても頑張ろう。今は、不幸でも仕方ない。

何かおかしくありませんか。一番、大事なのは、「いま」なのです。この瞬間です。「人は中今《なかいま》に生かされている」のです。これが三番目の杖です。今、今に生かされているのです。ですから、この一瞬を大切にしなければなりません。

悟りは、パラドックスになっています。よき未来を迎えたいと思うなら、「いま」を大事にすべきです。

いま、いまに、喜びを生んでいけば、未来にはさらに喜びが増していくのです。たとえ、今は苦しくとも、何かその中で喜びを見つけ、感謝の言葉を口に出すのです。なぜなら、その苦しみは、カルマの解消であったり、自分を成長させてくれたりしているのかもしれないからです。

楽しければ、感謝。苦しければ、愚痴、ではいけません。苦しくとも感謝です。今、イノチあることに感謝です。今、生かされていることに感謝です。苦しいとき、悲しいとき、悔しいとき、そういうときこそ「ありがとう」と言いましょう。悟りはパラドックスです。感謝できれば、喜びの未来を得ることができるのです。

日本人は、帰宅すると、「ただいま」と言います。「ただいま」と言って玄関をくぐります。なぜ、「ただいま」なのでしょう。

玄関とは、老子がいうところの「玄牝《げんぴん》の門」です。「玄牝の門」とは、万物を産み出す門と解釈されています。牝は雌という意味ですから女性を表します。つまり、「玄牝の門」は、子宮の入り口とも考えられています。

「ただいま」という言葉は、万物を生み出す門をくぐるためには、今、大切だということを黙示していたのです。

そして、何度も言います。今に生かされているのですから、感謝を忘れてはいけません。

偶然は一つもない

杖の四番目は、「偶然は一つもない」です。まあ、一つもないと書きましたが、すべての未来が決まっているわけではありません。自分の未来を創るのは自分自身ですから、自分の行い一つで、未来も変わっていきます。

それなら、偶然もある。それはもちろんです。しかし、あまりにもあり得ないと思われる偶然は、意図が隠されていると考えるべきです。

というのも、自分の思いには、守護霊などの神霊の思いが乗っかっている場合もあるからです。なんとなく立ち止まったら、車が前を横切った。もし止まらなければぶつかっていたなどというケースはきっとそうでしょう。

この現実は、自分の思いだけで構成されているのではありません。ですから、自分が望んでもその通りにはなりません。でも、自分の思いや行動で、現実を変えることもできる。

そこがパラドックスになっています。

自殺願望者が、ホームから飛び降りて、思い通りに亡くなってしまう。電車の運転士は、いくら不可抗力とはいえ、とても嫌な思いをされることでしょう。

もちろん、自殺者は、運転士が誰であるかは考えてもいないでしょう。運転士も偶然、自分の運転する電車に飛び込んできたと思うはずです。

しかし、それは偶然ではないのです。人が亡くなるという大きな場面では偶然はありません。自殺者と運転士の間には、前世を遡れば、必ず因縁が存在するのです。それで、カルマの解消となります。

一見偶然に思える出来事は、何かを伝えている場合があります。袖振り合うも他生の縁といいますが、まさにそれです。偶然の出来事で、他生のカルマを解消、いや真釣り戻しをしていることもあるのです。

それが理解できなければ、目に見えない世界からのサインを見落とすことになります。前項でもお伝えしたように、東京オリンピック・パラリンピックも同様です。普通ではない不祥事が続きました。これを天からのサインと受け取るのがキャッチ力です。

人生の節目には、必ず、偶然ではないことが起きます。たまたまスキー場で出会った男女が付き合い始めて、やがて結婚した。もちろん、出会ったのは、偶然ではありません。

私の知り合いにも、乗り合わせた電車の車中で隣の座席の見知らぬ人と話が弾み、そのまま、その人の会社に就職したという人がいます。それも偶然ではありません。

同じような内容の、偶然と思われることが二度、三度と続いたら、それは何かの知らせであると、思ったほうがいいでしょう。霊能力などなくても、未来を知ることができるのです。

被害者は誰もいない

五つの杖で、一番納得しがたいのが、この「被害者は誰もいない」かもしれません。世間では、「被害者」という言葉がごく日常的に使われています。

車を運転していて、信号待ちをしていたら、後続車に追突された。自分は、100％悪くない。被害者だ。そう思うでしょう。ぶつけた相手が、加害者です。確かに、物理的に見ればその通りです。

では、なぜ「被害者はいない」といえるのでしょうか。それは、車をぶつけられる「因」が自分にもあるからです。「因果応報」という言葉もありますが、もう何度も出てきた「真釣り戻し」が行われたのです。

もちろん、そういうケースでは偶然はないわけですから、相手にも「因」がありますが、自分にも因があるという点で、被害者はいないといえるのです。

車をぶつけられるというのは、「苦」の一つです。大切な愛車が傷つけられ、むち打ち症などの怪我を負うこともあります。無料で直してもらったとしても、大切な時間が失われてしまいます。煩わしい思いもします。

もともと苦はない、苦の因を作ったのは自分だと説明させていただきました。ですから、自分だけが一方的な「被害者」とはいえないのです。因がなかったら、そもそも事故は起こらなかったのです。

軽い交通事故ぐらいなら、なんとなくそうかもしれないと思われるかもしれません。しかし、愛しい我が子が事故で亡くなったらどうでしょう。自分の子は、被害者で事故を起こした相手は加害者です。許せないと思うでしょう。こういう光景をニュースで何度も見ていることと思います。

それでも事故ならまだしも、殺人だったらなおさらです。相手を絶対許さない、極刑を望みますと裁判で証言するかもしれません。

我が子は紛れもなく被害者だと思うでしょう。自分は被害者遺族です。我が子には何の罪もない、これまで純真な気持ちで一生懸命生きてきたんだと思うでしょう。

ここがポイントです。こういう状況になってしまっても、五つの杖を使うことができるのかということです。

目に見えない世界をどこまで信じられるのか、それにかかってきます。

伝家の宝剣・意乗《いの》り真仮名《まかな》卄行《いぎょう》

前項でお伝えした「神産九九路《かむこころ》に卄足《いた》る五つの杖」、ご理解いただけましたでしょうか。では、実際どうやって、神産九九路（出産）に向かって歩いていけばよいのか。それが、意乗《いの》り真仮名《まかな》卄行《いぎょう》です。

前著でも紹介しましたので、実行されている人もいるでしょう。苦が減りましたでしょうか。少しでも、いい方向に向かっているなら、幸いです。

まず、ちょっとした苦を感じたら、それは、真釣りを外した合図だと考えます。理由はおわかりでしょう。真釣りを外さなければ本来苦はないからです。

そこで、神産九九路《かむこころ》をもとに、自分の何が真釣り外しだったかを考えます。そして、それがわかったら、まずは、「お詫び」です。口に出していえば、一番いいですが、軽くつぶやくだけでもいいでしょう。

そして、それを教えていただいたことに感謝を申し上げます。つまり、苦が訪れたことは、真釣り外しのサインだから、そのサインをいただいたことに感謝するのです。

これは難しい場面もあるかもしれません。大きな苦に対して感謝など普通ではできるものではありません。ですから、なるべく小さな出来事のうちに「苦」の芽を摘み取っておくことが大切です。

そして、大事なのは、新しい「行い」をして、納得できた証しを示すのです。口に出してお詫び、心で考え、行動に結ぶ。これも「口《く》・心《しん》・行《ぎょう》」です。「意乗る」とは、祈ることだけでありません。祈り（口）、考え（心）、行う（行）の三つが揃っていることです。

「真仮名産《まかなう》」とは、「仮型」を出して、「真型」を生むことです。仮型というのは、とりあえず「真釣り戻しになる」と考えて行った自分の行動のことです。

もし、それが本当にそうならば、喜びごとが訪れるでしょう。それを「花の嬉し」というそうです。まったくピント外れで、一向に真釣り外しが直っていないなら、また、苦が来てしまう。それを「情けの苦」といいます。

「花の嬉し」が訪れたら、再び感謝しましょう。「情けの苦」だったら、もう一度、お詫びして、それでも感謝します。どちらにしても感謝です。そして、もう一度、意乗り真仮名ヰ行のやり直しです。

仮型を出して真型を生むことができたら、一歩、神産九九路に近づいたことになります。そしてそれは、カルマの解消にもなるのです。苦の種が一つなくなったと思えばいいでしょう。心のお掃除にもつながります。

これを何度も繰り返せば、いつしか苦しみがなくなっていることに気づくかもしれません。前世からのカルマ（真釣り外し）も清算できます。

そうです。これが「悪抱き参らせる」具体的な方法です。悪を善に真釣り戻すわけです。

先ほど、苦の芽は小さいうちに摘み取るべきと述べましたが、もし、そのままにしておいたらどうなるのでしょう。

小さな真釣り外しで、小さな苦が訪れたのなら、その苦をもってして清算となりますが、大きな真釣り外しのお知らせの場合は、そうはいきません。

大きな真釣り外しは、今の人生では、たくさんはないかもしれませんが、前世でもないとはいいきれません。前世を覚えている人はほとんどいませんから。それが清算できていればいいのですが、今回は、次元上昇のラストチャンス。これまでの真釣り外しを全部清算することが求められているのです。

そこで、いきなり、大きな苦で清算するのは大変ですから、神様の御慈悲で、小さな苦で、小出しにそれを教えてくださるのです。

その場合は、そこで、芽を摘まないと、さらに、大きな苦でのお知らせとなります。まさに、「情けの苦」の訪れです。それでも、気がつかず、そのまま放置していたら、重大な苦で清算ということになるでしょう。このとき、後悔しても遅いのです。

簡単な例をご紹介しましょう。たとえば、歩いているときに、机の角に足をぶつけたとします。足をぶつけたということは、足元が揺らいでいるというお知らせと、故意に相手の足を傷つけた前世での行いの真釣り戻しを兼ねていたとしましょう。

この時点で、お詫びと感謝をしていれば、それでカルマは解消です。さらに、自分の足元のことをよく考えて、行いを正せば、お知らせも終了です。

しかし、たいして痛くなかったのでそのままにしていたら、今度は、足が腫れ上がるほどの怪我をしました。それでも、無視を続けていたら、足を切断するほどの事故に遭ったということにもなりかねません。

二度、同じようなことが起こったら、要注意です。一度で気づくことができれば、優れたキャッチ力を身につけられたということでしょう。

地位や名誉や貧富は関係ありません。今、自分にどれだけ、喜びを感じている時間があるのか、それが自分の立ち位置を判断する材料になります。いつも、「ああ、幸せだな」と心から思えているなら、ほとんど神産九九路に近づいているといえるでしょう。

伝文は、こう告げています。

「汝の心はきれいに鳴りて居るか。マコトの火は立ちて居るか。立ち居振る舞いは礼儀正しゅう鳴りて居るか。大丈夫でござろうか。今今はマコト三真釣り持ち行かぬ者、お陰渡せんのじゃ。マコト大丈夫でござろうな。くどう気を付けて置くぞ。出来る時申しても今は残りの時が無い由、今今より三真釣る行い致して下さらねば、肝腎要の草薙の剣を、自ら造る響きが無うなりては、取り返しが出来んから、痛く心配し居るのぞ。この方は今今も汝にお陰差仕上げたくてウズウズ致して居る鳴れど、マコトがハラに結晶なさりて無くば、お陰を渡すも、行より先を今今に語るも、かえって残念に結びてしもうから、この方も早う渡したくあるに渡せずにあるのじゃ。今の今も待ちて居るに、何をして居るのざ。ぐずぐずして居らねで早う取りに参れよ。」（P．101～102）

三真釣りを目指して、喜びを手に入れましょう。

男性性と女性性の融合

意乗り真仮名キ行をしっかり行えたなら、苦が来ることが少なくなってきます。次に意識することは、男性性と女性性の活用です。

男性は男性性、女性は女性性を活用するのではありません。一部の人を除いてそれはもうできています。男性は女性性を、女性は男性性を発揮することがポイントです。

ジェンダー（社会的、文化的な役割としての男女の性差）が今、問題になっています。確かに、女性はこうあるべきとか、男子厨房に入るべからず、といったような、ジェンダーを差別的に捉え、とくに女性は虐《しいた》げられてきた面は大きいと思います。これは男尊女卑の考え方が根本にあるのでしょう。

しかし、性差というのは、物理的・生物学的には存在します。男性は、子どもを産めませんし、母乳も出ません。頭蓋骨を含め骨格も異なります。一般に、女性より男性のほうが体は大きく、筋肉量も多い。運動能力も高いといえるでしょう。あくまでも平均ですが。

そこでおのずと役割が定まってしまったことが問題なのだと思います。動物の多くは、雄と雌の役割がしっかり決まっています。もちろん、どちらが偉いということはありません。

人も原始時代、男は獲物を捕り、女は煮炊きをするなど、それぞれの特性を生かした役割分担があったと思われます。縄文時代も同じだったと思いますが、女性はより霊的で、神からの啓示などを受けやすく、巫女のような役割の人も出て、大事にされていたのだと思います。

それが、弥生時代になって稲作が始まると、土地と水が必要になって周囲との軋轢《あつれき》が生まれ、腕力に勝る男がいつしか主導権を握るようになったと考えられます。

以後、男性優位に、日本はなってしまったのです。そして、同時に、強いものの勝ちという、弱肉強食の社会が形成されていきました。

争いごと（戦さ）が、今日の男性社会を生んだといえるでしょう。男性は、男らしく、男性性を磨き、女性は、女らしく、女性性を育んできた時代が長く続きました。

しかし、男性も女性もそれぞれ、男性性・女性性の両面を持っています。三種の神器でいえば、男性性の象徴は、剣で、女性性は鏡です。男性も女性も三種の神器を持っています。

また、五つの杖は、鏡であり、意乗り真仮名ヰ行は、剣です。ですから、剣は、人に向けてはいけません。

自分が相手に苦を与えておいて、「お前が苦を味わうのは、お前にその因があったからだ。俺はその手伝いをしただけだ」というケースがそれです。お互い肝に銘じましょう。

そして、この男性性と女性性の二極性も、次元上昇する新時代には、解消されなければなりません。仏像等に見られる仏様は、男性のような女性のような中性的なお姿をしていることからもおわかりでしょう。

ですから、平成から令和にかけてジェンダーの問題が浮上してきたと思われます。私は、男女が社会や家庭内で、それぞれの合意のもとに役割分担を行うのは悪いことではないと思っています。力仕事は、やはり男がやるほうが合理的でしょう。

もちろん、それは固定されたものではなく、臨機応変に、それぞれの事情に応じてやればよく、女性が政治や経済的活動に参加するのも大賛成です。

女性も社会に出て働かなければならなくなってきたのは、女性は男性性を磨き、男性は女性性を育む必要が出てきたということでもあるでしょう。今こそ、女性は、剣を振りかざし、男性は鏡を見せるときです。

男性も女性も、男性性と女性性のバランスが保たれれば、男女の格差はなくなり、両者の良さがミックスされ、弱肉強食ではなく、共存共栄の社会が形成できると考えています。人と争わなければ、男性性を前面に押し出す必要もないのです。

まずは形からといいますから、男性も家事・育児にこれまで以上に力を入れるのも、バランスを取る一つの方法です。男性も女子力を磨くということです。

この女子力という言葉も、問題ありなのかもしれませんが、女性も男子力を身につけて、もっと社会進出を果たすべきです。

男性も女性も、場面場面に応じて、男性性を前に出したり、女性性を発揮したりして、両者を上手に使い分けするのが、ベストでしょう。

第五章　今後の日本を経綸から読み解く

二元から三元へ

もう一度、復習を兼ねて、経綸の流れをまとめてみましょう。流れの方向がわかれば、流れの行き先も想像がつくからです。

初めに、神がありました。これはもう、あったとしか表現できません。突然、自我に目覚めたのでしょうか。デカルトではありませんが、「我思う、ゆえに我あり」です。

生物の最も原始的な自己複製は、分裂です。分裂して、自分を増やします。神も、同じように、意識を分裂させたのでしょう。新しい存在は、自分であって自分ではありません。この新しい存在が、パラレルワールドを創っているのか、それはわかりません。

古事記は、こう伝えます。

「天地《あめつち》初めて発《ひら》けし時、高天原《たかまのはら》に成りし神の名は、天之御中主神《あめのみなかぬしのかみ》、次に高御産巣日神《たかみむすひのかみ》、次に神産巣日神《かみむすひのかみ》。この三柱の神は、みな独神《ひとりがみ》と成りまして、身を隠したまひき。」

一般に、ここに登場する神様は、造化三神と呼ばれています。古事記が伝える根源神といえるでしょう。「みな独神《ひとりがみ》と成りまして」とあり、成るということですから、まずは、天之御中主神があって、高御産巣日神と神産巣日神は、天之御中主神が分裂して誕生したと考えられます。

そして、古事記では、さらに、国之常立神《くにのとこたちのかみ》と豊雲野神《とよくもののかみ》から、伊邪那岐神《いざなきのかみ》、妹伊邪那美神《いもいざなみのかみ》まで、合わせて神世七代《かみよななよ》の神様が成っていきます。

その後、伊邪那岐命《いざなきのみこと》と伊邪那美命《いざなみのみこと》が登場し、この二神は、次々に新しい神を「産んで」いくのです。

生物には、無性生殖である分裂や出芽の他に、おしべとめしべによる受粉や雄と雌が交尾して子を産む有性生殖というやり方で子孫を増やす種が数多くあります。

この方法だと雄と雌のＤＮＡが半分ずつ子に渡されますので、多様性が確保され、進化しやすくなります。分裂では、突然変異が起こらない限り、ＤＮＡは変わりません。

神様が「成る」のは、無性生殖のようなものでしょう。役割が変わるだけなのです。お役が変われば名前も変わります。名前は、役割を表している側面もありますから。

同じ人が課長になったり、社長になったりする。そういうケースもあるはずです。

ところが、神様が男性神と女性神で息を合わせ、新しい神を「産む」というのは、まさに有性生殖と同じです。

有性生殖は、数学でいえば、２進法です。10進法では、１＋１＝２ですが、２進法では、

1+1=10（イチゼロ）です。位が一つ上がります。大きく飛躍するには、この2進法の原理が必要なのです。

その原理が、生命の進化だけなく、次元アップにも使われているのです。ですから、相対二元が生まれ、それが合一することで新しい世界に移行する、という方法が経綸でも取られたのです。

男と女、善と悪、天と地、多くのことが、二元対立の形で生まれています。そして、やがて時が来たら、それが一つになる。そのとき、次元が一つ上がるのです。

ただし、合一するのは簡単ではありません。そこにパラドックスが存在するからです。

これは、前著でも書きましたが、大事なことなので、もう一度お伝えします。

たとえば、善と悪。今まで、人は、善を求めてきました。悪いことをしてはいけないよと、子どもの頃から教えられてきました。

宗教や神話の世界でも、善神と悪神がいて、両者は戦い、そして、最終的には、善が勝つと信じている人も多いことでしょう。

今は、地球を支配しているのは、闇の勢力だともいわれています。火水伝文が出された頃は、ユダヤ陰謀論が盛んで、ユダヤそのものが悪いような印象を持っていた人もいたことでしょう。もちろん、そんなことはありません。

最近では、世界の黒幕として挙げられているのが、ディープステイトです。ディープステイトあるいは、カバールとも呼ばれる組織が、世界の黒幕だと報じられています。それを支配するのが、「イルミナティー13血族」で、彼らは、世界の99％の富を独占していると伝えられます。

もちろん、新型コロナウイルスも彼らのしわざ。世界の人口を抑制し、ＡＩを使った完全なる支配を目論んでいるそうです。

詳しいことは、よくわかりません。これらの情報は、陰謀論と呼ばれ、どこまでが真実なのか、私には、判断する材料がありません。

しかし、こうした闇の勢力が存在するのは、事実と思われます。そして、この中には、一部のユダヤ人がいるのも間違いないでしょう。

そして、さらに、闇の勢力を操る、宇宙存在も。こちらは、爬虫類、なかでもトカゲのような存在のようです。蛇も龍も爬虫類と思われますが、このような存在にも、善なるものと悪なるものとに分かれるようです。

これに対して、彼らの支配を食い止めようとしているグループもあります。ホワイトハットやＱアノンと呼ばれている組織です。こちらのほうは、光の勢力で、アライアンスとも呼ぶ人もいますが、彼らの側も詳細は不明です。もちろん、彼らのバックの存在（宇宙存在）も不明です。

彼らの主張では、トランプ前大統領は、こちらのグループ。先の大統領選挙では、不正が行われたと主張していました。本当にそうなのか、その可能性は高そうですが、もちろん、私にはわかりません。

アライアンスの人たちは、自分たちが善、ディープステイト（カバール）を悪とし、最後は善が勝って悪が駆逐されれば、地球の愛の波動が上がり、アセンション（次元上昇）が起こると考えているようです。

本当に、そうでしょうか。実は、トランプ前大統領は、ディープステイトの別部隊で、2020年の大統領選挙は、ディープステイト内の覇権争いだという、情報もあります。そうなると、Qアノンなどは本当に光の勢力なのか、それにも疑問符が付きます。

まったく、何がなんだかわからない状態。一般のマスコミもディープステイトに支配されているそうですから、私たちがわからないのも無理はありません。UFO情報でもあったように、本当のことに嘘を挿入して、すべてを嘘だと思い込ませるのも、支配勢力の手口なのです。

今は、ネット時代。面白おかしく話を膨らませて拡散させる人は山ほどいます。陰謀論に関する情報は、頭から信じるのではなく、慎重に真実を見極めることが大切です。陰謀は必ず自滅します。ここは、大神様にお任せして、私たちは、三真釣りに精進することが肝要なのです。

いずれにしろ、善だ悪だといっていたら、いつまで経っても、善と悪の二元論から逃れることはできません。たとえ、一時的に善が勝ったとしても、人々の中に悪の種（身欲）が残っていれば、だんだんに芽を出し、また同じことの繰り返しになるのではないでしょうか。

善が勝ち、悪が負けるというのではなく、日月神示にあるように、悪を抱き参らせて、悪が必要のない世界を構築しなければなりません。

それには、身欲と保身、権力欲など、欲をなくす努力が必要だと思っています。

最近よく目にする「引き寄せの法則」も要注意です。法則自体は正しくても、自分の心に身欲が一杯なら、最後には、それを清算することになります。

本当は、身欲をできるだけ減らし心を磨くと、その分、いいことが訪れるのです。パラドックスになっています。欲しいなら、捨てよ、です。

悪も同じ。悪は駆逐するのではなく、抱き参らせる。古事記におけるアマテラスの失敗（スサノオを追い出したこと）を思い出してください。それが岩戸閉めにつながってしまいました。ではどうしたら悪を抱き参らせることができるのでしょうか。もちろん、意乗り真仮名キ行がその具体的な方法なのですが、もう少し別の角度からも見ていきましょう。

パラドックスを演出する「弓の法則」

悪を抱き参らせるとは、悪いことをしても問題ない、ということではありません。悪は悪です。人が嫌がること、迷惑行為はやめましょう。公衆道徳は守りましょう。法律も守りましょう。「悪いと思われることはしない」、これは大切なことです。

反対に、嬉しいこと、楽しいこと、勉強になること、自分のためになること、人の幸せにつながることなど、善と思われることをしていくのは、当然です。感謝して毎日を過ごしましょう。

それでも、悪（苦）が来てしまったら、それも感謝して受け入れましょう。もし、苦が来る理由が見当たらなければ、前世のカルマの真釣り戻しかもしれません。

これが、悪を抱き参らせるということです。悪も受け入れ、自分の反省の糧にするということです。

何かに集中すると、そこに執着が生まれやすくなります。執着は身欲につながります。勝負でも勝とう勝とうと思いが強すぎると、冷静さを見失ったり、周りが見えなくなったり、スポーツなら身体に力が入りすぎて、空回りしてしまうことはよくあります。

これは、弓なら、的に向かって矢を構え、力いっぱい弦を引っ張った状態です。そして、矢を射るときは、パッと手を離す。すると、矢は勢いよく飛んでいきます。

つまり、つかんだものを一瞬手放すことが大切なのです。一瞬でも勝とうという気持ちを捨てる、勝利に対する執着を解き放つことが必要なのではないでしょうか。そうすると、勝利が転がり込んでくるのです。

ここがパラドックスなのです。面白いのは、弓の場合、引っ張った方向と矢が飛んでいく方向が反対になっていることです。たとえば、善に向かって弦を引っ張ると、矢の先は、反対の悪へ向いています。そして、善をつかんでいた手を解き放します。すると、矢は悪に向かってまっしぐら。悪を射ることができるのです。

ただし、中途半端に弦を弾いても矢は思ったところへは飛んでいかないでしょう。ギリギリまで引っ張ることが必要なのです。

では、なぜ、悪に向かって矢を飛ばさなければならないのか。それは、一番大切なもの（一厘／悟り）は、その反対の中に、つまり、この場合、悪の中に隠されているからです。

ですから、悪を遠ざけたり、追放したりすれば、永遠に悟りは得られないことになります。

本当に福を得ようとするなら、「鬼は外、福は内」ではなく、「鬼も内、福も内」でなければなりません。

何かを得ようと思ったら、ギリギリまで努力して、最後は、その思いを捨てる。「人事を尽くして天命を待つ」、すなわち、結果（最後の一厘）は、天に任せる。そのような心境が必要なのです。最後の一厘は、神の領域だからです。

幽界は消滅する

幽界は、消滅すると述べましたが、もう少し詳しく解説したいと思います。幽界とは、人の想念が創り出した想念界で、これを「外道の想念界」といいます。この現界を三次元世界とすれば、四次元界といえるかもしれません。もちろん、神の次元ではありません。

しかし、人は、死ぬとこの想念界に行くようになってしまいました。ここには、天国も地獄もあり、自ら、自分自身の魂のレベルに合う階層を選択してしまうのです。ですから、地獄に行った魂も、同じレベルの魂が集まる世界に行くわけですから、地獄と感じているわけではありません。

仏教が説く、鬼がいて、毎日地獄の釜で焼かれるということはないようですから、魂にとっては、それなりに、過ごしやすいのかもしれません。

同様に天国も本当の天国ではないようで、ストレスを感じるかどうかはわかりませんが、光り輝く世界とはいかないようです。それでも快適な世界ではあるでしょう。

どうして、このような想念界を創り出してしまったのかというと、それは私たちの心の鏡が曲がってしまっているからです。光の屈折のように、曲がった想念が、独自の世界を形成してしまったようなのです。それが外道の想念界です。

しかし、これは不自然なこと。アセンション（次元上昇）すれば、これまでの輪廻転生は終わります。外道の想念界もなくなります。いや、なくさなければならないのです。ではどうやってなくしていくのか。

それは、私たちの心の鏡をまっすぐなゆがみのない平面にすることです。ただ、磨くだけでは足りません。

元津神様は、本来の魂の行き場、すなわち霊界をちゃんと用意していました。初めのうちは、人は死ぬとちゃんとそこへ行っていましたが、身欲が高まると、鏡がゆがみ、外道の想念界を創り出してそこへ行っていたのです。

私たちの思い、念には、そのような力が備わっているからです。本来は、神なる存在ですので。

念は、今の心と漢字で書きますが、今の心がゆがんでいると、鏡もゆがみ、外道の想念を創り出してしまいます。元津神の想念は、カタカナで「ネン」と書きます。私たちの念をネンに近づけていかなければなりません。

身欲を断ち、心のゆがみがなくなってくれば、外道の想念界は、ネンの創る霊界と重なってきます。これも、悪抱き参らせることです。悪すなわち外道の想念界を抱き寄せることで、ネンと一致させるのです。

つまり、悪を善に真釣り変えるのです。もちろん、お詫びと感謝の「意乗り真仮名ヰ行」でです。

それにしても、外道の想念界がなくなれば、今、この想念界に住む大勢の魂たちは、このままでは行き場を失ってしまいます。

幽界で改心するのはなかなか難しいことです。幽界は、自分の魂に合ったレベルです。そのために、現界に転生し、改心する機会を与えられているのです。

きっと今、幽界では、収縮していく気配を感じ、出口を求めて、魂たちは、右往左往しているかもしれません。無事、霊界へ移行できればいいのですが、そうでなければ、消滅するか、今の地球と同じようなレベルの星（三次元界）に転生するかです。

地球は、新しい次元に移行しますから、地球に転生することはできません。その選択は、魂自身が決めることになります。

ただし、転生できるレベルに達していない魂が転生する際には、その前に強制的に掃除が行われますので、大変な苦痛が伴うそうです。そのため、消滅（個の意識を失う）を望む魂も少なくないということです。

ですから、今からでも、少しずつ心の鏡を磨いておきましょう。

「ぬの種」を咲かせよう

前作でも本書でも、魂の構造をお伝えしました。「ぬの種」です。直霊《なおひ》と呼ばれる神の一厘を和魂《にぎみたま》と幸魂《さきみたま》が包むように覆い、それを荒魂《あらみたま》がくるんで、奇魂《くしみたま》がさらにそれを包み込む、という形です。

まるで植物の種のような構造なので、この名があります。そして、種ですから、芽吹くことができます。

魂の花を咲かせるというのも、変な表現ですけれど、四魂は、直霊を閉じ込めているともいえるので、芽吹くと、直霊が開放されます。

この直霊との合一が、本当の「神人合一」なのです。密教でいえば、即身成仏です。魂の花が開き、直霊が顔を出せば、念はネンになり、神次元の神人になれるのです。直霊が表に出るということは、魂がひっくり返るということ。

第二十三巻海の巻・第十七帖にこうあります。

「天地ひっくり返ると云うことはミタマがひっくり返ると云うことぞ。神示読みて聞かせよ、目も鼻も開《あ》けておられん事が、建替の真最中になると出て来るぞ、信仰の人と、無信仰の人と、愈々立分けの時ぢゃぞ、マコト一つで生神に仕へ奉《まつ》れよ。八月二十三日、ひつく⦿。」

日月神示にある「ミタマがひっくり返る」とは、このことです。信仰を妨げているのは、左脳を支配する奇魂です。無信仰では、奇魂が開くことができず、新しい地球に生まれ変わることはできません。

まずは、奇魂を開くこと。ここが一番のポイントです。それには、「苦《く》至《し》喜力《きちから》」が必要だと前著でも申し上げました。苦を喜びに変える力です。

人の岩戸開きとは、魂の岩戸開きのことです。奇魂と荒魂がまず開き、和魂と幸魂が表に出、そして、二つは、花開き、直霊が飛び出します。「御魂《みたま》割り」と「御魂《みたま》返し」が行われるのです。

さらに、第二十三巻海の巻・第十二帖には、こうあります。

「(前略) 地に高天原が出来るのざぞ、天の神地に降りなされ、地の神と御一体と成りなされ大日月の神と現はれなさる日となった、結構であるぞ、肉体の事は何とか分るであろうが、タマは判るまい、永遠にタマは生き通しであるから、タマの因縁の判る所はここの神示《ふで》より他にはいくらさがしてもないのざぞ。八月二十三日、一二⊙。」

魂のことがわかるのは、日月神示しかないと述べられています。そして、天の神様が、降りてきて、地の神様と一つになり、大日月の神として現れるとあります。ここでも、二元から三元へと生まれ変わるのです。

人は、豆を煎《い》って、節分にそれを撒き、鬼門に封じ込められていた国常立大神様に「煎り豆に花咲くまで出て来るな」と呪い込めました。

そして、日月神示は、「煎り豆に花咲くとき来たぞ」と、国常立大神の復活を告げました。その後、見事に、経綸に関わった多くの仕織人たちのおかげもあって、復活されました。

しかし、「煎り豆」には、もう一つの意味がありました。それは、私たちの魂、すなわち「ぬの種」のことでもあったのです。私たちの魂は、まさに煎り豆状態だったのです。なかなか芽が出ないように、煎られていたのです。

もちろん、煎ったのは、神様ではなく、私たち人でした。煎り豆に花咲くまで出てくるなとの呪いは、自分で自分自身の魂にかけたものでした。

それもパラドックスです。しかし、もう、煎り豆に花咲くときが来たのです。実際、揚げピーナッツに花が咲きました。

ですから、私たちの魂も、いつでも花を咲かせることができるのです。いや、花を咲かせなければならないのです。

なぜなら、日月神示の「煎り豆に花咲くとき来たぞ」の予言は、私たちの魂のことでもあるからです。

「君が代」が黙示するアセンション

神様の合一の話が出てきたので、宇宙の次元上昇にも、触れておきましょう。これも前著で説明させていただいた通りですが、もう一度振り返ります。

この現実空間は、あいうえおの五十音で構成されていると申し上げてきました。人でいえば、あいうえおの母音は、一霊四魂に相当します。五十音図では、あかさたなはまやらわの各行があり、他の子音は、そのどこかに含まれます。

この五十音図全体を「田」といい、母音と子音の一つひとつを「間」と呼びました。そして、この現実界と鏡の裏表のように、もう一つの「田」が存在しています。この現実界が、「水の田」で、その裏の存在が、「火の田」です。

聖書にある「初めに言葉ありき」とは、この「あ」音を指すのでしょう。宇宙で一番初めに生まれた言葉ですから。「あ」は、宇宙を総称しているともいえます。

経綸でいう、元の神は、ス神《しん》です。主神と書いてス神と読ませることもあります。「あかさ」の行は、神界を意味することもあります。そのさ行の真ん中の音が「ス」です。

私たちは、「あ」を発音するとき、口を大きく丸く開けます。「い」は口をやや閉じて横長に開けます。「う」は、唇を突き出しますから、正面から見れば、点のように見えます。「え」は、「い」と同じで、「お」は、「あ」と同じです。

これを記号で示せば、「あいうえお」は、「〇―・―〇」になります。実は、これではバランスが悪いのです。そこで、い行とお行を入れ替えると、「〇〇・――」で表すことができます。「〇・―」です。

これが本来の形です。次元上昇が起これば、この形になります。い行とお行が入れ替わって、「あおうえい」の順になるのです。

実は、国家となった「君が代」は、このことを黙示していました。これも前著で軽く触れましたが、もう一度、説明させていただきます。

「君が代は　千代に八千代に　さざれ石の　いわおとなりて　こけのむすまで」

「きみがよ」の「き」とは、イザナキ（イザナギ）のことです。「み」はイザナミです。

「きみがよ」は、イザナキが率いる49神（よとやの神）とイザナミ率いる49神の世です。イザナキの世は、もちろん、水の田のことです。この現実界。イザナミの世は、火の田で、霊界です。

あるいは、イザナキの世が善の世界、イザナミの世が身欲の世界と考えてもいいでしょう。キ＋49（よく）神で、「きよく（清く）」、ミ＋49神で、「みよく（身欲）」ですから。

そこで、「きみがよ」は、キヨクとミヨクで表された「あが代（あの代／宇宙）」とも考えられます。また、あが代は、「我代《あが》」です。自分の代です。人は、一人ひとり、自分の代を持っているともいえます。人は、小宇宙です。

「千代に八千代に」とは、一から八までの世のことで、元津神の子宮内の宇宙のことです。「あ」から「や」行までが、子宮の中で、これを「アマ」といいました。「ら」行が産道で、「わ」行は、子宮の外の世界。これは「アメ」でした。

「さざれ」は、三三〇です。三三は、ミミ。ミは「神・幽・顕」の三界のことで、これが二つありますから、裏表になっています。

「いしの」は、一四で、一霊四魂のことです。つまり、私たち人のことです。あるいは、あいうえおのことでもあります。

歌詞の意味を普通に考えると、「さざれ石の」で、さざれ石までが一つの言葉になりますが、歌うときは、「さざれ」でいったん切れ、「いしの」と続きます。

なにか、不自然な感じがしましたが、隠されている意味から考えると、これでちょうどいいといえます。

次の「いわおとなりて」は、「い」行と「お」行が入れ替わることをずばり示しています。「い」は「お」となるのです。

同時に、四魂の奇魂と幸魂の位置が入れ替わることも暗示しています。「あ」は、一霊、「い」は、奇魂、「う」は、荒魂、「え」は、和魂、「お」は、幸魂を指すからです。すなわち、ミタマがひっくり返るのです。

「こけのむすまで」の「こけ」は、九気《こけ》です。「む」は、「無」で、今まで隠れていた元津神のことです。「す」は、「統べ真釣る」です。つまり、「九に至り、元津大神様の統べるミロク世になるまで」と解釈できます。

もう一度全体をまとめてみましょう。「この宇宙は、あるいは、人は、一霊四魂が成長して、い行（奇魂）とお行（幸魂）が入れ替わり、元津神の統べるミロク世となる」と、読み取れます。

まさに、この度のアセンションを黙示していました。

ついでに記せば、愛は「あゐ」で、「あ」から「ゐ（『わをうゑゐ』の『ゐ』）」のことです。宇宙全体、森羅万象を表します。すなわち、宇宙は愛で創られているのです。

彗星が接近か？　地軸が立つ

それにしても、どうしたら、そのような世界にすることができるのか、大きなきっかけが必要でしょう。

そのスイッチを押すのは、天体です。彗星なのか、そのカケラなのか、あるいは、新しく誕生する惑星なのか、巨大隕石か、それはわかりません。

いずれにしろ、天体がニアミスあるいは衝突して、地球に大きな衝撃を与えると思われます。その衝撃で、今、南北入れ替わって約66・5度傾いている地軸がスクリと立つことになります。地軸が立てば、日本の四季もなくなり、一年中、初夏の陽気。薄着一枚で暮らせるようになります。雨も適度に降り、一年中快適に過ごせることでしょう。

また、地軸が上向けば北極星も変わり、その星の名前もわかっています。

ただし、快適な暮らしができるようになるのは、地球が落ち着いてからの話です。もちろん、天体からの衝撃は、凄まじく、地震・津波はもちろん、火山も噴火が続くでしょう。

どれほどの人が生き残れるでしょうか。

宇宙存在の助けにより、宇宙船に避難できる人もいるでしょう。地下に避難できる人もいることでしょう。新しい半霊半物質の肉体を授かり復活する人もいるでしょう。しかし、それは、まだ、ほんの少数だと思われます。

一人でも多くの人たちが復活されることを大神様は望んでいらっしゃいます。

地軸が立つように、人も立たなければなりません。ヒトは、生まれてから、1年経たなければ立ち上がることができません。

つまり、一ネンが必要なのです。念ではなくネンです。ネンとは、神様の思いです。つまり、神心を先に立てるのです。「位」という字は、人偏に立つ、です。すなわち、人が立つ、を意味します。

ここがパラドックスになっています。自分で身欲を断ち、真中を掃除する。その思いで、五つの杖を使い、鏡を磨く。それは、求心力の渦となって、神産《かみうみ》の九九呂《こころ》に帰一します。

それには、我はあってはならずです。

しかし、喜びを産むのは、意乗り真仮名ヰ行です。これは剣です。遠心力です。神産の喜びを顕すときは、我はなくてはならずなのです。

鏡と剣だけでは、三元にはなれません。

火の田、水の田が交わるには、真中の「キ」、すなわち、「ア田田交《たたか》キ」が必要なのです。ア田田交キは、火の田、水の田を交わえ産む気なのです。

それが、田田交産一四《たたかうぃし》です。一四は、意志です。それが位を出すということです。位とは、「神産の九九呂」であり、ネンです。神の心を真先に据えることです。「一四ものいう時」とは、このときです。

そうです。最後は、自らの思いをすべて捨てて、神心を一番に据えることです。自ら位を出さなければ、苦至喜力も芽が出ません。

では、その神心とは、何か。それは、あなたが神になることです。神人合一することを一番に望まれているのです。

このパラドックスがおわかりでしょうか。神人合一したいと努力する。しかし、最後は神様にすべてを委ねるのです。神の思いを自らの思いより優先させる。すると、神の思いが成就して、あなたも結果として思いが成就するのです。

つまり、最後は、つかんでいた「神人合一」という弓の弦を離すということです。

我について、もう一つ触れておきましょう。実は、我そのものが岩戸でした。これを田《た》我《が》といいます。「田」を覆っているのが、我です。タガを外すことが自らの岩戸開きなのです。

これまで、身欲を断ち、我をなくす。何度も、述べてきました。しかし、最後は、自我愛を認め、それを許さなければなりません。そして、他我愛を解き、無償の愛へ結ぶのです。

自我、他我、双方の田我《タガ》を解くことが、自らの岩戸を開くことになります。他我というのは、他人の持つ我（自己愛）ですが、多くの人は、自己を守るために、その他我を認めてきた経緯があります。

自分も認めてもらいたいから、他人の我も認めてあげよう、そういう気持ちがどこかにひそんでいたのです。これも立派な田我なのです。

いずれにしろ、二つの田我の一八十《いわと》を内から開ければ、苦しんで最後は喜ぶことができます。それは神性の顕現です。内から開くとは、自分で、歩んで開くこと。その方法は、伝授させていただきました。

我をなくす努力をする。しかし、最後は、その弓の弦を解き放つ。そのタイミングは、各自様々です。

外から開ければ、初めは嬉しくとも、いずれ苦しみがやってきます。獣性の顕現です。それがイシヤの五代産《ごよう》です。

日月神示の一番初めに、「嬉しくて苦しむ者と、苦しくて喜ぶ者出て来る」とありました。田我の岩戸を内から開いた人が、「苦しくて喜ぶ者」で、外から開いた人が「嬉しくて苦しむ者」です。その二つに分かれるのです。

何気なく読み過ごしてしまいそうな一言ですが、このような深い意味が隠されていました。日月神示には、そのような言葉が多々あります。

自由・平等・博愛を土台とした西洋ヒューマニズムは、他我のみ開くことになって、結果として一八十閉めになってしまったのです。

自由・平等・博愛は、どれも素晴らしい理念のように思えますが、三つが共存することはできないようになっています。

自由を求めれば、平等とはならず、平等を貫けば、自由は失われます。博愛は、自らを犠牲にすることでもあるのです。他我のみです。自我を犠牲にすることです。

その結果、「至田意九十《したいこと》」が封じ込められたのです。至田意九十とは、神の意に至足る九九呂のミチです。本当は、自分がしたいことが、一番の喜びを生むことになります。したいことしかできないのが、人なのです。したいことをする。それが弓の弦を離すことになります。

人間とは、二元。人にならなければなりません。神と人との間に、「間」があるのです。神の思いは、無償の愛です。自分を愛し、他人を愛す。神の思いを真っ先に出すことができれば、田我が開きます。

「五つの杖」と「意乗り真仮名ヰ行」を使い、「苦至喜力」で田我を解き放ちましょう。悪を善に真釣り変える力が、「苦至喜力」です。それが「悪を抱き参らせる」力のこと。何度でも書いておきます。

前著をお読みくださった人は、また、同じことを書いていると思われたことでしょう。しかし、「五つの杖」と「意乗り真仮名ヰ行」、どれだけ実行していただけたでしょうか。読んだだけで使わなければ、絵にかいた餅に終わります。

どうか、「我」のパラドックスを解いてください。歩めば、解くことができるでしょう。ミロクの世でお会いできたら幸いです。

あとがき

日月神示は、サッと読み飛ばしてしまいそうな一言に深い意味が込められていることが多々あります。その意味を読み取るには、様々な知識が必要となりますから、一言の解明に多くの紙面を割かなければなりませんでした。

それを読まれる皆様も、話が飛んで、わかりにくかったと思っております。また、日月神示を生かすには、お一人おひとりが行動に結ぶことが大切です。それをお伝えしたくて、前著でのお話を繰り返して述べさせていただきました。

何度も何度も申し上げますが、まず、神示を読み込むこと。百人一首をそらんじたり、教科書を何度も音読したりすることが、昔から勉強の手段でした。英語の勉強も、ただ、繰り返し聞いたり、丸暗記したりする。それと同じだと思っております。

これまでとは、違う、大きな転換期が来ております。日本は、雛型の国です。まずは、徹底的に建て替えが行われるでしょう。新型コロナウイルスもそうですが、これからは、世界中で食糧不足、水不足に陥るでしょう。

安倍晋三元首相や菅義偉前首相は、そこへ日本を落とし込むお役の方々です。もちろん、日本のためによかれと思ってやっているのですが、そのようなお役ですから、致し方ありません。

大神様が中止を示唆している東京オリンピック・パラリンピックを菅総理が強行すれば、日本国民にとって大きな災いをもたらすでしょう。地震を呼び込むのか、新型コロナのさらなるパンデミックを引き起こすのか、それは判りません。

もともと、感染対策よりも、オリンピック・パラリンピックと経済を優先しているので、うまく抑えることができなかったのです。二兎を追う者は一兎をも得ず、です。実は、経済の落ち込みを最小限にするには、真っ先に感染を徹底的に抑え込むことでした。それは、それを実施した中国やニュージーランドなどの国を見ればわかります。これもパラドックスだったのです。

当時の菅総理は、そのパラドックスを解くことができませんでした。オリ・パラが中止になったとしても、コロナ禍は、このままずるずると3年は続くでしょう。

何もかも裏目に出る、そういう御用です。しかし、ご本人たちの魂にとって、その代償も大きいのです。並みの魂では、できかねることです。

神は、「ミヨク（身欲）もキヨク（清く）も使う」と我空氏は、おっしゃいました。身欲の人は、魔釣りの御用に、清くの人は真釣りの御用に使われるのでしょう。

自給自足という言葉を、誰もが考えなければならない時代に移りつつあります。そして、最後は、とどめの天変地異。生き残ることを模索するより、ご自分の身魂磨きに力を注ぐことが最善の方法だと思われます。

これも何度も申し上げていますが、悟りはパラドックスです。命を長らえようとするより、神の思いを優先する。それが結果として、命にとって最善の方向に向かうことになるのです。

スメラの人たちは、建て直しのお役の身魂たちです。一日も早く、お目覚めくださいますように。

最後まで、お読みくださったことに感謝申し上げます。

令和3年5月吉日

白山大地

追伸

原稿の最終チェックの段階になって『よひとやむみな』（穂乃子著／ナチュラルスピリット）という日月神示に関連した著書が出版されました。こちらもあわせてお読みいただければ、神示の理解も進むことでしょう。ぜひ、お読みになられることをお勧めいたします。

白山大地　しらやま だいち
東京生まれ。古神道、古代史、チャネリング、神示、占術の研究を通して、独自のアプローチで地球の歴史を探求している。日本各地におけるフィールドワークをベースにした生命科学の視点から、環境、農業、医療に関する執筆も多い。著書に『火水伝文と〇九十の理』『次元の旅人』『日天意神示と神一厘の仕組み』（いずれも四海書房）ほか。

コロナと病神《やまいがみ》の仕組み

日月神示が《ズバリ》伝えたかったこと

第一刷 2021年11月30日

著者 白山大地

発行人 石井健資

発行所 株式会社ヒカルランド

〒162-0821 東京都新宿区津久戸町3-11 TH1ビル6F

電話 03-6265-0852 ファックス 03-6265-0853

http://www.hikaruland.co.jp info@hikaruland.co.jp

振替 00180-8-496587

本文・カバー・製本 中央精版印刷株式会社

DTP 株式会社キャップス

編集担当 TakeCO

ISBN978-4-86742-047-8

ヒカルランド　好評既刊！

地上の星☆ヒカルランド　銀河より届く愛と叡智の宅配便

スメラの民へ
秘義編［日月神示］神仕組のすべて
霊界物語から日月神示に繋がる秘義が遂に明かされる
著者：内記正時
四六仮フランス装　本体 2,000円+税

ときあかし版
『［完訳］日月神示』
著者：内記正時
四六仮フランス装　本体 1,900円+税

マコトの日本人へ
奥義編［日月神示］神一厘のすべて
スメラの民の覚醒がついに最後の岩戸を開く
著者：内記正時
四六仮フランス装　本体 1,900円+税

日月神示ファイナル・シークレット《1》
上つ巻、下つ巻、富士の巻、天つ巻のCracking the Code
著者：飛鳥昭雄
Ａ５ソフト　本体 2,593円+税

すべての鍵は日本にある！
日月神示「悪の御用」とマインドコントロール
善も悪も抱き参らせてアセンションさせる超仕組
著者：池田整治／内記正時
四六ハード　本体 1,600円+税

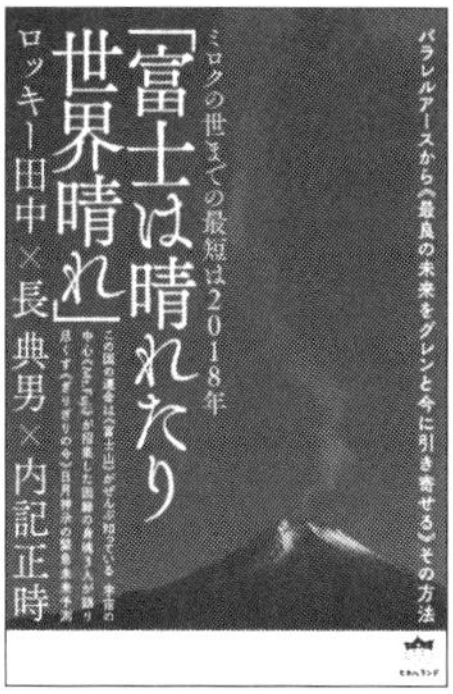

ミロクの世までの最短は2018年
「富士は晴れたり世界晴れ」
著者：ロッキー田中／長 典男／内記正時
四六ソフト　本体 1,750円+税